Rezeption des römischen Rechts in Rußland
Dmitrij Mejer, Nikolaj Djuvernua und Iosif Pokrovskij

Quellen und Forschungen
zum Recht und seiner Geschichte

Herausgegeben von
Okko Behrends und Wolfgang Sellert

Band XI

Martin Avenarius

Rezeption des römischen Rechts in Rußland

Dmitrij Mejer, Nikolaj Djuvernua und Iosif Pokrovskij

WALLSTEIN VERLAG GÖTTINGEN

Bibliografische Information Der Deutschen Bibliothek
Die Deutsche Bibliothek verzeichnet diese Publikation in der Deutschen Nationalbibliografie; detaillierte bibliografische Daten sind im Internet über http://dnb.ddb.de abrufbar.

www.wallstein-verlag.de
Vom Verlag gesetzt aus der Adobe Garamond
Druck und Verarbeitung: Hubert & Co, Göttingen
ISBN 3-89244-767-5

Inhalt

Vorwort

Die Rezeption des römischen Rechts in Rußland ist noch wenig erforscht. Zwar ist die russische Privatrechtsgeschichte – insbesondere die des 19. Jahrhunderts – in neuerer Zeit Gegenstand bedeutender Abhandlungen geworden. Diese stammen allerdings ganz überwiegend von Historikern. Nun bildet die Rezeption des römischen Rechts einen Prozeß der Verwissenschaftlichung einer Fachdisziplin. Es handelt sich um einen innerhalb der Rechtswissenschaft stattfindenden Vorgang, der letztlich nur aus juristischer Sicht durchdrungen werden kann. Die Rußland gewidmeten Abschnitte in den Gesamtdarstellungen der Neueren Privatrechtsgeschichte sind bislang überwiegend knapp gehalten. Sofern sie überhaupt auf Einzelfragen eingehen, stützen sie sich noch immer häufig auf Schrifttum, das (unmittelbar oder mittelbar) aus dem sozialistischen Kontext stammt. Dieses aber ist gegenüber der Tradition des römischen Rechts regelmäßig voreingenommen. Soweit jüngere russische Arbeiten erschienen sind, werden diese kaum wahrgenommen. Die Schriften der vorrevolutionären Juristen sind häufig nur schwer zugänglich.

Die Abhandlung soll zu einer wissenschaftlichen Diskussion beitragen, die im wesentlichen erst noch geführt werden muß. Mit Rücksicht darauf ist der Anmerkungsapparat zum Teil vergleichsweise ausführlich gehalten. Um den Zugang zu den verwendeten Materialien sowie zu den wörtlichen Zitaten zu erleichtern, ist russischer Text transliteriert. Die Umschrift des Kyrillischen richtet sich – auch bei der bis 1918 verwendeten Schreibweise – grundsätzlich nach den für wissenschaftliche Bibliotheken geltenden Regeln. Abweichende Transkription blieb nur innerhalb wörtlicher Zitate erhalten. Schließlich ist slavischen Werktiteln eine Übersetzung beigegeben.

Ein Teil der Abhandlung geht auf die Probevorlesung zurück, die ich im Juli 2002 im Rahmen meines Habilitationsverfahrens an der Juristischen Fakultät der Universität Göttingen gehalten habe. Auszüge aus der überarbeiteten und erweiterten Fassung waren im Februar 2003 Gegenstand eines Referats auf dem Rechtshistorischen Wochenende in Sehlendorf bei Kiel. Für die Gewährung eines Druckkostenzuschusses danke ich der Strohmeyer-Stiftung.

Wir wissen, daß die Rezeption des römischen Rechts unter den Bedingungen dieser Zeit sowohl eine historische Notwendigkeit als auch ein Faktor des Fortschritts war.

I. A. Pokrovskij (1917)[1]

1. Die Frage nach der Rezeption des römischen Rechts: eine Einführung

Die Frage, ob das römische Recht in Rußland rezipiert wurde, ist in der Forschung meistens entschieden verneint worden. Schon im 19. Jahrhundert hatten sich Juristen dahingehend geäußert, daß das römische Recht in Rußland niemals gegolten habe.[2] Zu Beginn des 20. Jahrhunderts meinte Aleksej Guljaev, ein Zivilrechtler romanistischer Ausrichtung,[3] man könne von einer Rezeption nicht sprechen, weil es niemals eine unmittelbare Verbindung zwischen der römischen Kultur und der russischen gegeben habe.[4] In der sowjetischen Epoche wurde die Rezeption des römischen Rechts in das eigene Recht regelmäßig geleugnet, weil man es aus ideologischen Gründen ablehnte.[5] Lenin betrachtete das römische Recht als Grundlage der

1 Pokrovskij, Osnovnye problemy graždanskogo prava (Grundprobleme des Bürgerlichen Rechts), S. 57; vgl. unten S. 57.

2 Vas'kovskij, Rez. Pergament, Dogovornaja neustojka, ŽMJ 1899, Sept., S. 141-156 (154); vgl. Letjaev, Neobchodimost' i dostatočnost' recepcii norm rimskogo prava v Rossii XIX - načala XX v. (Die Notwendigkeit und das Hinreichen der Rezeption der Normen des römischen Rechts im 19. bis zum Anfang des 20. Jahrhunderts), in: IA 1 (6) 2000, S. 194-202 (195).

3 Über Guljaev vgl. Biografičeskij Slovar' professorov i prepodavatelej imperatorskago Jur'evskago, byvšago Derptskago, universiteta 1802-1902 (Biographisches Wörterbuch der Professoren und Lehrer der kaiserlichen Jur'evschen, früher Derpter Universität 1802-1902), Bd. 1, S. 617 f.; Avenarius, Das russische Seminar für römisches Recht in Berlin (1887-1896), in: ZEuP 6 (1998), S. 893-908 (899).

4 Guljaev, Sovremennyja zadači prepodavanija rimskago prava (Gegenwärtige Themen der Lehre des römischen Rechts), in: ŽMJ 1909, Nr. 2, S. 119-130 (127); entsprechend Hasselblatt, Justizreform, S. 5. In seiner Kiever Antrittsvorlesung von 1894 räumte Guljaev allerdings ein, daß das römische Recht in der Vergangenheit einigen Einfluß ausgeübt habe. Er bezog sich dabei insbesondere auf Gesetze und Gesetzgebungsprojekte der Regierungszeit Katharinas II. Vgl. Ob otnošenii russkago graždanskago prava k rimskomu (Über das Verhältnis des russischen Bürgerlichen Rechts zum römischen), UI 1894, Nr. 11, S. 1-16 (9 ff.).

5 Vgl. Bergmann, Zivilgesetzbuch, in: Roggemann/Bergmann (Hrsg.), Zivilgesetzbuch der Russischen Föderation, S. 39-50 (43 f.); Wołodkiewicz, Il diritto romano ed i regimi autoritari, in: Wołodkiewicz/Zabłocka, Le droit romain, S. 259-266 (263).

»bourgeoisen« Rechtsordnung, die es zu überwinden gelte.[6] Er erhob daher 1922 im historischen Kontext des Kriegskommunismus die oft zitierte Forderung, »nicht das corpus iuris romani, sondern unser revolutionäres Rechtsbewußtsein auf ›bürgerliche Rechtsverhältnisse‹ anzuwenden.«[7] Diesem Postulat getreu, hat das nachfolgende sowjetische Schrifttum eine Bedeutung des römischen Rechts für das eigene Privatrecht regelmäßig abgestritten. Die Romanisten Novickij und Pereterskij wiesen ausdrücklich darauf hin, daß das römische Recht »für den sowjetischen Juristen keinerlei praktische Bedeutung« habe.[8]

Den genannten kategorischen Äußerungen zum Trotz gibt es auch differenziertere Stellungnahmen, die dem römischen Recht jedenfalls allgemein eine erhebliche Bedeutung für die Rechtsentwicklung einräumen und aus diesem Grunde sogar seine

6 Geschichte und Institutionen des römischen Rechts waren 1891 Gegenstand seines juristischen Examens gewesen. Lenin hatte in diesen wie in allen anderen Fächern das gute Ergebnis »ves'ma udovletvoritel'nyj« (»äußerst befriedigend«) erzielt. Dazu Rebro, Società socialista e cultura giuridica romana, in: Index 12 (1983/84), S. 1-82 (4) sowie Sternik, V. I. Lenin - Jurist. Juridičeskaja dejatel'nost' V. I. Ul'janova (Lenina) (V. I. Lenin als Jurist. Das juristische Werk des V. I. Ul'janov [Lenin]), S. 65 f. Vgl. ferner das dort nach S. 16 abgebildete Diplom und für die Einzelergebnisse die in 275 let Sankt-Peterburgskij Gosudarstvennyj Universitet, S. 232, abgedruckte Liste.

7 Vgl. den Brief vom 20.2.1922 an den Volkskommissar der Justiz D. I. Kurskij (»primenjat' ne corpus iuris romani k ›graždanskim pravootnošenijam‹, a naše revoljucionnoe pravosoznanie«), in: Lenin, Sočinenija, Bd. 45 (1967), S. 408-412 (410); vgl. dazu Suchanov, in: Suchanov (Hrsg.), Graždanskoe pravo (Bürgerliches Recht), Bd. 1, S. 7; Suchanov/Kofanov, Vlijanie rimskogo prava na novyj graždanskij kodeks Rossijskoj Federacii (Der Einfluß des römischen Rechts auf das neue Bürgerliche Gesetzbuch der Russischen Föderation), in: IA 1 (4) (1999), S. 7-20 (8); Chutyz, Rimskoe častnoe pravo (Römisches Privatrecht), S. 11; Novickij, Osnovy rimskogo graždanskogo prava (Grundlagen des römischen Bürgerlichen Rechts), S. 5; Geilke, Sowjetrecht, S. 67 f.; Boguslawskij, Die Internationalisierung des Privatrechts in Rußland, in: WiRO 1998, S. 169-172 (170).

8 Novickij/Pereterskij, Rimskoe častnoe pravo (Römisches Privatrecht), S. 3; Novickij, Osnovy rimskogo graždanskogo prava (Grundlagen des römischen Bürgerlichen Rechts), S. 5; vgl. im Rückblick ähnlich Charitonov, Osnovy rimskogo častnogo prava (Grundlagen des römischen Privatrechts), S. 4 f. Zum sowjetischen Standpunkt vgl. im übrigen Pólay, Das römische Recht in den sozialistischen Ländern, in: Labeo 13 (1967), S. 361-376 sowie die Nachweise oben Fußn. 7 und neuerdings Bosiacki, Roman Law in Totalitarian Systems, in: Mél. Wołodkiewicz, Bd. 1, S. 131-138.
Für das sowjetische Schrifttum zum römischen Recht vgl. Földis ausführliche, aber leider wenig bekannte Bibliographia selecta operum sovieticorum ad ius Romanum pertinentium (1917-1987); besprochen und ergänzt von Skripilev, in: SGiP 1991, Heft 1, S. 149-151. Eine umfangreiche Zusammenstellung des Schrifttums findet sich nun auch bei Ščegolev, Bibliografija russkoj literatury po rimskomu pravu s 1860 po 1996 gg. (Bibliographie russischer Literatur zum römischen Recht von 1860 bis 1996), IA 1 (2) 1997, 136-161 (147 ff.).

Lehre rechtfertigen. Der bolschewistische Politiker Peteris Stučka, einer der einflußreichsten Juristen der frühen Sowjetunion, hatte erklärt, daß das römische Recht ihn immer wieder in »wissenschaftliche Begeisterung« versetze.[9] Vermittelt durch Koschaker ist eine Bemerkung Pereterskijs bekanntgeworden, in der er auf die »Notwendigkeit, das römische Recht zu lehren« hinwies, die sich aus dessen »ungeheurer Bedeutung« ergebe.[10] Tatsächlich wurde an sowjetischen Rechtsfakultäten ein umfangreiches Programm aus dem römischen Recht gelehrt.[11] Die Lehre des Faches wurde im einzelnen hauptsächlich damit gerechtfertigt, daß sie der Vermittlung der

9 Vgl. Tarchov, Rimskoe častnoe pravo, S. 10. Zum Einfluß Jherings auf Stučka vgl. Losano, Studien zu Jhering und Gerber, Teil 2, S. 157 ff. Stučka vertrat denn auch den Standpunkt, daß der Übergang von der zivilrechtlichen Gestaltung der Rechtsbeziehungen zur staatlich gelenkten Ordnung nur langsam und stufenweise erfolgen dürfe, so daß das Zivilrecht bis auf weiteres einen Platz im sowjetischen Rechtssystem behalten müsse; vgl. Loeber, Unbewältigte Vergangenheit im sowjetischen Zivilrecht, in: Festschrift Meissner (1965), S. 129-150.

10 Pereterskij, Vseobščaja istorija gosudarstva i prava (Allgemeine Geschichte des Staates und des Rechts), Teil 1, S. 5: »Wir können natürlich das römische Recht als ›geschriebene Vernunft‹ (*ratio scripta*), wie man es früher bezeichnet hat, nicht anerkennen. Wir leugnen aber seine ungeheure Bedeutung sowie den Umstand, daß es einen Fortschritt im Vergleich zu den älteren Rechtssystemen bildet, nicht. Rom hat viel neues im Bereich des Rechts geschaffen und hatte starken Einfluß auf die weitere Entwicklung des Rechts. Darauf gründet sich auch die Notwendigkeit, das römische Recht zu lehren, insbesondere - das römische Privatrecht. Dieses Recht hat nicht bloß historische Bedeutung als das Recht eines großen Sklavenhalterstaates, sondern stellt auch eine geschichtlich hochstehende Errungenschaft im Bereich der juristischen Technik dar. Die Genauigkeit und Klarheit seiner Bestimmungen, die strenge Logik und Konsequenz des juristischen Denkens, verbunden mit der Lebendigkeit der Schlußfolgerungen bezeugt die große Meisterschaft der römischen Juristen, die eine bedeutende Rolle in der Entwicklung des juristischen Denkens gespielt haben.« Zustimmend Koschaker, Europa und das römische Recht, S. 356 f.

11 Vgl. das in BCO 4 (1959), Sp. 188-191 abgedruckte, umfangreiche »Programm zu den Grundlagen des römischen Bürgerlichen Rechts für die juristischen Fakultäten der staatlichen Universitäten« (der Sowjetunion).
Kontinuierlich gelehrt wurde das römische Recht in der Volksrepublik Polen, wo die Gesetzgebung Strukturen bewahrte, die die Kontinuität der Privatrechtsentwicklung mehr oder weniger gewährleisteten und einen vergleichsweise engen Zusammenhang derselben mit den benachbarten Rechtsordnungen erhielten. Vgl. Avenarius, Ut liceat vobis prima legum cunabula discere, in: Index 24 (1996), 407-409 (409). Für die Vielzahl der Forschungen vgl. nunmehr die Übersicht bei Zabłocka, Romanistyka polska po II wojnie światowej (2002). Anders lag es in der ČSSR, wo das römische Recht weitgehend verdrängt worden war. Bezeichnenderweise erhob dann aber während des »Prager Frühlings« der Reform-Justizminister Bohuslav Kučera als Bestandteil der angestrebten Neuordnung die Forde-

juristischen Terminologie diene, und daß man mit ihrer Hilfe Verständnis für die Grundlagen der »bürgerlichen« Privatrechtsordnungen vermitteln könne.[12]

Ob das römische Recht in der russischen *Vergangenheit* rezipiert wurde, ist im sowjetischen Schrifttum infolge der kritischen Einstellung, die die sowjetische Zivilrechtswissenschaft zum römischen Recht einnahm, selten problematisiert worden. Einzelne Stimmen erkannten immerhin an, daß das römische Recht das vorrevolutionäre Recht beeinflußt habe, betonten dabei aber gleichzeitig die eigene Distanz zu diesem »überwundenen« Recht.[13]

Auch das moderne russische Schrifttum ist in der Frage nach einer Rezeption von ablehnenden oder jedenfalls zurückhaltenden Standpunkten geprägt.[14] Erst kürzlich hat der Volgograder Jurist Letjaev kritisch untersucht, ob es eine Rezeption von Nor-

rung: »Wir wollen nicht zum Code Napoléon zurückkehren, aber gewisse traditionelle Institutionen des europäischen Rechts beachten. Dazu gehört zum Beispiel das Römische Recht, das auf keiner tschechoslowakischen Universität mehr gelehrt wurde. Ohne gute Kenntnisse im Römischen Recht können wir aber keine guten Juristen erziehen.« Auf die Frage, ob das römische Recht wieder Examensfach werden solle, antwortete Kučera: »Das ist mein Programm«. Vgl. das Interview in: Der Spiegel, Nr. 30 vom 22. Juli 1968, S. 64; ferner Krampe, Europa und das römische Recht, in: Wolter/Riedel/Taupitz, Einwirkungen der Grundrechte, S. 345 ff.

12 Charitonov, Osnovy rimskogo častnogo prava, S. 4 f.; vgl. für dieses letzte Argument aus polnischer Sicht (noch 1995!) Żołnierczuk, Zarys prawa rzymskiego (Grundriß des römischen Rechts), S. 47: die Kenntnis des römischen Recht ermögliche es dem praktischen Juristen, das Zivilrecht der »kapitalistischen Staaten« zu verstehen und im grenzüberschreitenden Rechtsverkehr die Interessen des eigenen Landes zu wahren.

13 Ioffe/Musin, Osnovy rimskogo graždanskogo prava (Grundlagen des römischen Bürgerlichen Rechts), S. 7 räumen im Hinblick auf den Svod Zakonov einen gewissen »Kontakt« mit dem römischen Recht, im Falle des Kodifikationsprojekts um die Wende zum 20. Jahrhundert sogar einen »Einfluß« desselben ein. Ein Einfluß der deutschen Pandektistik wird für das 19. Jahrhundert auch in dem in der DDR erschienenen Werk von Härtel und Pólay anerkannt; Römisches Recht und römische Rechtsgeschichte, S. 131.

14 Tarchov, Rimskoe častnoe pravo, S. 9; Chutyz, Rimskoe častnoe pravo, S. 11; Salogubova, Rimskij graždanskij process (Der römische Zivilprozeß), S. 16; vgl. Klingenberg, Rez. Ioffe/Musin, Osnovy rimskogo graždanskogo prava, in: SavZRG (Rom. Abt.) 94 (1977), S. 521-526 (521). Über neuere Forschungen, deren Ergebnisse offenbar noch nicht publiziert worden sind, berichtet Wołodkiewicz, Czy prawo rzymskie przestało istnieć? (Hat das römische Recht aufgehört zu bestehen?), in: Palestra 1997, Heft 11-12, S. 70-74 (73 f.). Über die Bedeutung der pandektistischen Rechtsdogmatik als Kodifikationsersatz vgl. Kupiszewski, Prawo rzymskie, S. 81. Kofanov erkennt ein besonderes Interesse der russischen Altertumswissenschaft am (römischen) Schuldrecht in der zweiten Hälfte des 19. Jahrhunderts, nämlich unter dem besonderen Einfluß der deutschen Geschichtswissenschaft; Objazatel'stvennoe pravo v archaičeskom Rime, S. 12.

men des römischen Rechts (recepcija *norm* rimskogo prava) gegeben habe.[15] Er ist zu einem differenzierenden Urteil gelangt, weil er auch einen mittelbaren Einfluß romanistischen Gedankenguts berücksichtigt hat. Nimmt man die Frage nach einer Rezeption des römischen Rechts im Sinne der Aufnahme von Rechtssätzen als geltendes Recht allerdings wörtlich, dann muß man sie klar verneinen: Eine Vollrezeption in diesem Sinne hat jedenfalls in der Neuzeit niemals stattgefunden.[16]

In diesem Sinne haben auch die Moskauer Gelehrten Suchanov und Kofanov die Ansicht vertreten, man könne von einer direkten Rezeption des römischen Rechts nicht sprechen. Das russische Privatrecht habe nämlich fast niemals wirklich die materiellen Bestimmungen des römischen Rechts genutzt. Diese beiden Autoren meinen allerdings, man habe die im römischen Recht enthaltenen Ideen entlehnt und auf dieser Grundlage eigene juristische Konstrukte entwickelt. Auf diese Weise habe die russische Rechtswissenschaft ebenso wie die deutschen Pandektisten aus den römischen Quellen unmittelbar Material für die juristische Bildung und die Gesetzgebung gewonnen.[17]

Sinnvollerweise ist also zu fragen, inwieweit eine *Verwissenschaftlichung* des russischen Rechts durch Einarbeitung von methodischen Elementen des römischen Rechts stattgefunden hat. Auch darin läge ein Rezeptionsvorgang. Mit Blick auf Westeuropa hat Wieacker darauf hingewiesen, daß die wissenschaftliche Bearbeitung an den norditalienischen Rechtsfakultäten des 12. Jahrhunderts zwar auch zur Anwendung der Normen des römischen Privatrechts geführt habe. Dies sei aber keine notwendige Folge der Übernahme der wissenschaftlichen Methoden gewesen.[18]

15 Letjaev, IA 1 (6) 2000, S. 194.

16 Schultz, Russische Rechtsgeschichte, S. 218; Tarchov, Rimskoe častnoe pravo, S. 9; vgl. Suchanov/Kofanov, O roli izučenija i prepodavanija rimskogo prava v Rossii (Über die Rolle der Erforschung und Lehre des römischen Rechts in Rußland), in: IA 1 (1996), S. 10.
Auf einem anderen Blatt steht, daß einzelne Mitglieder der russischen historischen Rechtsschule des 19. Jahrhunderts den Standpunkt vertraten, es bestehe eine historische Kontinuität zwischen dem römischen und dem älteren russischen Recht (vor dem 17. Jahrhundert). Dazu näher Salogubova, Elementy rimskogo prava v rossijskom sudoproizvodstve X-XVII vv. (Elemente des römischen Rechts in der rußländischen Rechtspflege des 10. bis 17. Jahrhunderts), in: IA 1 (4) 1999, S. 173-179.

17 Suchanov/Kofanov, IA 1 (1996), S. 8 f.

18 Dies wendet Wieacker, Zum heutigen Stand der Rezeptionsforschung, in: Festschrift J. Klein (1967), S. 181-201 (198 f.) gegenüber Thieme ein, der Bedenken dagegen geäußert hatte, daß der methodische Gesichtspunkt in Wieackers Rezeptionsverständnis gegenüber der Aufnahme von Rechtssätzen im Vordergrund steht. Vgl. Thieme, Savigny und das Deutsche Recht, in: SavZRG (Germ. Abt.) 80 (1963), S. 1-26 (9, Fußn. 28); kritisch auch Kunkel in seiner Rezension von Wieackers Privatrechtsgeschichte der Neuzeit, in: SavZRG (Rom. Abt.) 71 (1954), S. 509-539 (529 mit Fußn. 41).

Darum werde der historische Gesamtsinn der Rezeption nicht so sehr durch die Aufnahme der Lehrsätze bestimmt, wie vielmehr durch den Ablauf des zentralen Entwicklungsprozesses, nämlich der Verwissenschaftlichung des Rechtswesens und seiner fachlichen Träger.[19] Es handelt sich nach Wieackers Verständnis um einen Prozeß der intellektuellen und technischen Rationalisierung des Rechts.[20]

Wenn wir die Frage nach der Rezeption so stellen, ergibt sich für die russische Rechtsentwicklung ein durchaus differenziertes Bild. Damit dies richtig bewertet werden kann, müssen zunächst die Voraussetzungen betrachtet werden, die das positive Recht bot.

19 Wieacker, Privatrechtsgeschichte, S. 129-133. Wieacker verstand die Rezeption als Verwissenschaftlichung des Rechtslebens, als einen sich von oben nach unten vollziehenden Prozeß; vgl. Wieacker, Ratio scripta, in: Vom römischen Recht, S. 195-284 (234 ff.); ders., Festschrift J. Klein (1967), S. 198 f. Diese Charakterisierung hat im jüngeren Schrifttum überwiegend Zustimmung gefunden; vgl. Schanbacher, in: HWP, Bd. 8, s. v. Rezeption, juristische, Sp. 1006.

20 Wieacker, Festschrift J. Klein (1967), S. 198 f.

2. Die Bedingungen des positiven Rechts

Die positive Grundlage der wissenschaftlichen Bearbeitung des Privatrechts bildeten seit 1835 die Vorschriften, die im 1. Teil des 10. Bandes des Svod Zakonov enthalten waren. Es handelte sich um eine Kompilation aus den gesammelten, noch in Geltung befindlichen Vorschriften seit dem Gesetzbuch des Zaren Aleksej Michailovič, dem Uloženie von 1649, bis zu den damals neuesten Gesetzen.[21] Der Svod Zakonov war unter der Verantwortung des Staatsmannes und Reformators Michail Speranskij (1772-1839) geschaffen worden.[22] Er diente dem Interesse der privilegierten Schichten des Adels, der Kaufleute und der Geistlichkeit an der Feststellung der geltenden Gesetze. Es handelte sich allerdings nicht um ein für die gesamte Bevölkerung geltendes Recht, weil ein großer Teil derselben aus rechtlichen oder tatsächlichen Gründen von diesem Privatrecht ausgeschlossen war.[23]

Die Kompilation umfaßte das überkommene, fortgeltende Recht, ohne aber dessen Mängel zu beseitigen. Sie konservierte sie vielmehr, wie Speranskij zum Ausdruck brachte, indem er von einer »*structura nova veterum legum*« sprach.[24] Überdies ist der Svod Zakonov durch eine grundsätzlich mangelhafte Systematik, innere Wi-

21 Über das Uloženie von 1649 vgl. Schultz, Russ. Rechtsgeschichte, S. 144 ff. sowie Man'kov, Uloženie 1649 goda mit Schrifttumsangaben.

22 Dazu ausführlich Reich, Kodifikation und Reform des russischen Zivilrechtes im neunzehnten Jahrhundert bis zum Erlaß des Svod Zakonov (1833), in: Ius commune 3 (1970), S. 152-185; Raeff, Speransky, S. 320-346; Čibirjaev, Velikij russkij reformator. Žizn', dejatel'nost', političeskie vzgljady M. M. Speranskogo (Der große russische Reformator. Leben, Werk und politische Ansichten des M. M. Speranskij), S. 157-162; ferner jetzt Whisenhunt, In Search of Legality, S. 69 ff.

23 Ein großer Teil der Bevölkerung lebte in der weitgehenden Abhängigkeit der Leibeigenschaft; vgl. Jaworski, Zarys powszechnej historii państwa i prawa (Abriß der allgemeinen Geschichte von Staat und Recht), S. 381; Zweigert/Kötz, Rechtsvergleichung, Bd. 1, S. 345. Aber auch freie Bauern waren von der ordentlichen Gerichtsbarkeit ausgeschlossen; Schultz, Russ. Rechtsgeschichte, S. 185 ff.; Hosking, Rußland, S. 367; Hasselblatt, Justizreform, S. 1. Ferner wirkte sich aus, daß manche Richter über keine akademische Ausbildung verfügten, und daß das geltende Recht in der Bevölkerung relativ wenig bekannt war. Vgl. Djuvernua, Iz kursa lekcij po graždanskomu pravu (Aus dem Vorlesungskurs über Bürgerliches Recht), S. 12 und ferner Westen, in: David/Grasmann, Rechtssysteme, S. 250 f.

24 Dies geschah offenbar unter dem Einfluß des Empirikers Baco von Verulam, dessen Werk von erheblicher Bedeutung für die Arbeiten Speranskijs war. Vgl. Francisci Baconis de Verulamio De Dignitate et Augmentis scientiarum libri IX (1654), lb. octavus, Exemplum Tractatus de Justitia Universali, Aphorismus 62 (474) sowie Avenarius, Römisches Recht in slavischen Sprachen, in: SavZRG (Rom. Abt.) 114 (1997), S. 635; ferner Cečoev, Istorija, S. 465.

dersprüche und manche Wiederholungen gekennzeichnet.[25] Es fehlen eine feste Terminologie und umfassende Definitionen. Einige wichtige Rechtsinstitute, wie etwa ungerechtfertigte Bereicherung, Auftrag sowie Geschäftsführung ohne Auftrag sind nicht oder nur unbefriedigend geregelt.[26] Speranskij hatte beabsichtigt, auf Grundlage der Kompilation ein modernes Gesetzbuch zu erarbeiten. Dieser Plan kam aber nicht zur Ausführung, weil er reformatorische Gedanken durchscheinen ließ.[27] Stattdessen wurde der Svod selbst zum Gesetz erhoben.[28] Er wurde dadurch zu einer erheblichen Belastung für Praxis und Reformen.[29] Besonders verhängnisvoll wirkte sich aus, daß die Gerichte bei der Rechtsanwendung an den Wortlaut des Gesetzes gebunden waren.[30] Sie durften ausschließlich dem buchstäblichen Sinn des Gesetzes

25 Vgl. Tjutrjumov, Graždanskoe Pravo (Bürgerliches Recht), S. 10.

26 Reich, Rußland, in: Coing (Hrsg.), Handbuch der Quellen III/2 (1982), S. 2296 f.; Schöndorf, Gerichtspraxis, S. 13. Die Lücken des Gesetzeswerks wurden im Laufe der Zeit durch amtliche Anmerkungen (primečanija) ergänzt, die aus der Rechtssprechung des Dirigierenden Senats herrührten; vgl. die Ausgabe von Borovikovskij, Zakony graždanskie (Svod Zakonov Tom X čast' I) s objasnenijami po rěšenijam graždanskago kassacionnago departamenta pravitel'stvujuščago senata (Bürgerliche Gesetze [Svod Zakonov Bd. 10 Teil 1] mit Erläuterungen gemäß der Rechtsprechung der bürgerlichen Kassationsabteilung des Dirigierenden Senats). Zur Sache Wesenberg/Wesener, Privatrechtsgeschichte, S. 220; Geilke, Sowjetrecht, S. 40; vgl. Klibanski, Handbuch, 1. Bd., S. XVI.

27 Vgl. Feldbrugge, Russian Law, S. 84.

28 Zu Entstehung und Eigenart der Kompilation vgl. Makarov, Svod Zakonov (1833-1933). Zum hundertjährigen Jubiläum der Kodifikation des russischen Rechts, in: ZOG 8 (Neue Folge: 4) (1934), S. 39-55; Vernadskij, Očerk istorii prava Russkago Gosudarstva XVIII-XIX vv. (Abriß der Geschichte des Rechts des russischen Staates im 18. bis 19. Jahrhundert), S. 159-161; Sójka-Zielińska, Historia Prawa (Geschichte des Rechts), S. 246 f.

29 Kaiser, Justizreform, S. 149. Die Erfahrungen mit dem Svod Zakonov bestätigen insoweit Savignys Ansicht, eine Kodifikation störe die Entwicklung des Rechts eher, als daß sie sie beförderte; vgl. Djuvernua, Značenie rimskago prava dlja russkich juristov (Die Bedeutung des römischen Rechts für russische Juristen), in: VDJL 1872/1, S. 42.

30 Dies bestimmt Art. 65 der Reichsgrundgesetze (Osnovnye gosudarstvennye zakony): »Zakony dolžny byt' ispolnjaemy po točnomu i bukval'nomu smyslu onych, bez vsjakago izměnenija ili rasprostranenija«; vgl. Pokrovskij, Osnovnye problemy, S. 93; Mejer, Russkoe graždanskoe pravo, S. 27. Es handelte sich um einen zuvor vielfach in Verordnungen bestätigten Grundsatz; vgl. Institutionen des Russischen Rechts, herausgegeben und für die Ostseeprovinzen zum Behuf der Darstellung ihres Partikularrechts deutsch bearbeitet, Bd. 1, S. 16 f. mit Nachweisen. Derartige Auslegungsverbote kannten auch die Rechte anderer europäischer Staaten. Ihr Vorbild waren zumeist die entsprechenden Konstitutionen des Kaisers Justinian. Dieser hatte im Jahre 533 (C. 1,17,2,21) bestimmt, daß sich der Richter, falls er Zweifel betreffend den Sinn des Gesetzes hat, an den Kaiser wenden müsse, der allein Gesetze erlasse und interpretiere (vgl. C. 1,14,12,3 a. 529). Die anderen Staaten waren von dieser strikten Verpflichtung auf den Gesetzeswortlaut allerdings in-

folgen und waren im Fall eines Zweifels gehalten, höhere Instanzen um Klärung zu ersuchen, die sich ihrerseits wiederum an den Senat oder das Ministerium zu wenden hatten.[31] Derartige Auslegungsverbote können allgemein etwa dem Ziel dienen, die Gewaltenteilung zwischen Legislative und Judikative zu befestigen oder die Rechtsprechung zu vereinheitlichen.[32] In der Regierungszeit Nikolaus' I. (1825-1855) entsprach der Grundsatz allerdings der absolutistischen Vorstellung, daß das Recht mit der Gesetzeslage zu identifizieren sei. Kennzeichnend für diesen staatlicherseits erzwungenen Positivismus ist es, daß seit dem Inkrafttreten des Svod Zakonov (1835) in der Bezeichnung der juristischen Teildisziplinen das Wort »Recht« (pravo) durch »Gesetz« (zakon) ersetzt wurde.[33] Wenn das Recht aber ausschließlich aus dem in Gesetzen und Verordnungen enthaltenen kaiserlichen Willen folgt, kann es, wo es im Einzelfall keine ausdrückliche Regelung enthält, auch nur vom Kaiser ausgelegt und bei Bedarf fortgebildet werden. Diese Vorstellung war auch aus anderen Rechtsordnungen bekannt, um die Mitte des 19. Jahrhunderts aber allgemein längst überwunden worden.[34]

Nach offiziellem Verständnis enthielt der Svod Zakonov nur spezifisch russisches, nicht jedoch römisches Recht.[35] Speranskij erklärte ausdrücklich, die Russen hätten nichts von den Römern geerbt, und ihr »neues« Zivilrecht sei dem römischen

zwischen abgekommen. In Preußen hatte das Publikationspatent zum Allgemeinen Landrecht vom 5.2.1794 »von klaren und deutlichen Vorschriften der Gesetze (...) unter dem Vorwande einer aus dem Zwecke und der Absicht des Gesetzes abzuleitenden Auslegung, die geringste eigenmächtige Abweichung« verboten. Der Richter war grundsätzlich an den Gesetzeswortlaut gebunden (ALR Einl. § 46) und sollte sich bei Zweifeln über den Sinn des Gesetzes an die gesetzgeberische Kommission wenden (§ 47). Sofern gar keine gesetzliche Regelung bestand, sollte er nach den dem ALR zugrundeliegenden allgemeinen Grundsätzen entscheiden (§ 49). Schon 1803 wurde aber die richterliche Anfrage bei der Gesetzeskommission beseitigt und der Richter auf die Auslegungsregeln verwiesen. In Frankreich war in Art. 4 des Code Napoléon festgelegt worden, daß ein Richter wegen Rechtsverweigerung belangt wird, der wegen des Schweigens, der Unklarheit oder der Dürftigkeit des Gesetzes eine Entscheidung verweigert. Vgl. näher Becker, Art. Kommentier- und Auslegungsverbot, in: HRG Bd. 2 (1978), Sp. 963-974 (971).

31 Pokrovskij, Osnovnye problemy, S. 93; Hasselblatt, Justizreform, S. 38 f.

32 Vgl. Becker, a.a.O. (oben Fußn. 30), Sp. 963.

33 Gegenstand des Studiums war fortan die »Gesetzeskunde« (zakonovedenie); vgl. Torke, Das russische Beamtentum in der ersten Hälfte des 19. Jahrhunderts, in: FOG 13 (1967), S. 135 ff. (142); Maurer, Hochschullehrer, S. 167; Baranowski, Festschrift Hattenhauer (2003), S. 6.

34 Auch Savigny ging gegen diese Vorstellung vor, wenn er in seiner Rechtsentstehungslehre die historische Entwicklung des Rechts im Bewußtsein des Volkes von Eingriffen in diese Entwicklung durch den Gesetzgeber unterschied. Vgl. Savigny, Vom Beruf unsrer Zeit, in: Hattenhauer (Hrsg.), Thibaut und Savigny, S. 101 ff.

35 Vgl. Gsovski, Roman Private Law in Russia, in: BIDR 5 (1939), S. 363-375.

auch nicht entlehnt.[36] Die Forschung hat in dieser Hinsicht allerdings längst ein differenzierteres Bild entwickelt.[37] Der zehnte Band des Svod Zakonov weist an vielen Stellen den Einfluß der Rechtsordnungen des westlichen Auslands und damit der römischen Rechtstradition auf. Die Diskrepanz zwischen Speranskijs Äußerungen und den Arbeiten der Gesetzeskommission dürfte einerseits mit politischen Rücksichten zu erklären sein: So groß das Interesse an der Orientierung am westlichen Recht war, war nämlich auch die politische Brisanz des Bekenntnisses dazu.[38] Speranskij war nicht zuletzt aus eigener leidvoller Erfahrung darauf bedacht, jeden Anschein einer Orientierung am westlichen Recht zu zerstreuen.[39] Andererseits hängt

36 Vgl. Speranskijs anonym veröffentlichte Schrift Précis des notions historiques sur la formation du corps des lois Russes (1833), S. 71, 75 ff., 99 f. und passim: »Il ne nous est rien revenu de l'héritage romain« (82), »On a prétendu suppléer à ce défaut par l'introduction dans nos hautes écoles de l'etude du droit romain. Mais les lois romaines seront toujours étrangères pour nous (...)« (99). Vgl. dazu Djuvernua, VDJL 1872/1, S. 45.

37 Ajani meint mit Recht, Speranskij habe bei seiner Schaffung »un occhio alle soluzioni tradizionali del diritto russo ed un altro alle soluzioni dei codici europei« gehabt; Alcuni esempi di circolazione di modelli romano-germanici nella Russia imperiale, in: Studi Gorla, Bd. 2, S. 966. Die Redaktoren des Svod Zakonov zogen aber durchaus das römische Recht heran; vgl. Avenarius, SavZRG (Rom. Abt.) 114 (1997), S. 635 f. mit Fußn. 3. Anläßlich der Entsendung der Studenten nach Berlin schrieb Speranskij am 10.9.1829 an Savigny bezeichnenderweise, »daß das Studium keines anderen speziellen Rechts eine solidere Grundlage für die juristische Vorbereitung geben kann als das gründliche Studium der Pandekten«; Majkov, Speranskij i studenty zakonověděnija (Speranskij und die Studenten der Gesetzeskunde), in: RV 262 (1899), S. 609-626 (625); Torke, FOG 13 (1967), S. 161, Fußn. 233. Zu dem über das litauische Recht vermittelten Einfluß des römischen Rechts auf den Svod Zakonov vgl. Giaro, Ius commune 21 (1994), S. 15.
Bei den Gesetzgebungsarbeiten wurden auch der Code Napoléon sowie das österreichische ABGB herangezogen; vgl. Kosarev, Etapy recepcii rimskogo prava (Etappen der Rezeption des römischen Rechts), in: SGiP 1983, Heft 7, S. 123-128 (128) sowie jetzt Whisenhunt, In Search of Legality, S. 105 f. Über die Benutzung des preußischen ALR vgl. Makarov, Das Preußische Allgemeine Landrecht und die russischen Kodifikationsarbeiten, in: Festschrift Vasmer (1956), S. 286-292. Zur Benutzung der ausländischen Gesetzbücher vgl. ferner Raeff, Speransky, S. 335 ff.

38 Auf der Regierungszeit Nikolaus' I. lastete der Alptraum des Aufstandes der Dekabristen von 1825. Deren Forderungen wurden in dieser reformfeindlichen Phase besonders entschieden unterdrückt; Azarkin, Istorija juridičeskoj mysli Rossii (Geschichte des juristischen Denkens Rußlands), S. 208 ff. Dies galt auch im Hinblick auf die von den Dekabristen verlangte Übernahme westeuropäischer Prozeßgrundsätze und Gerichtsinstitutionen. Vgl. Kaiser, Justizreform, S. 150.

39 Dies dürfte (neben dem in der vorangegangenen Fußn. genannten Gesichtspunkt) auch eine Folge der persönlichen Erfahrung Speranskijs gewesen sein, daß seine Absetzung und Verbannung im Jahre 1812 wesentlich auf den Vorwurf zurückging, er orientiere sich (im-

der eigentümliche Vorgang der offiziell geleugneten Rezeption, wie noch zu zeigen sein wird, mit spezifischen Hindernissen zusammen, die sich aus einer von konservativen Kräften durchgesetzten, der Historischen Schule verpflichteten Rechtsentstehungslehre ergaben. Dieser hatte sich Speranskij beugen müssen.[40]

Schon während der Arbeiten am Svod Zakonov hatte sich herausgestellt, daß das Zarenreich mehr Juristen benötigte, die zudem besser ausgebildet sein mußten als bislang.[41] Zur Zeit der Gesetzgebungsarbeiten begann die Regierung daher, junge Juristen ins Ausland »abzukommandieren«.[42] Ihr Ziel war hauptsächlich Deutschland, wo die von Savigny dominierte Historische Rechtsschule in Blüte stand. Den Anfang machten diejenigen Juristen, die seit 1829 von der Zweiten Abteilung der Kaiserlichen Kanzlei nach Berlin geschickt wurden. Dort wurden sie, wenn auch unter Savignys Oberaufsicht, hauptsächlich von Adolf Friedrich Rudorff unterrichtet.[43] Sie verwirklichten später ihre wissenschaftlichen Interessen im Zarenreich in enger Abhängigkeit von ihren in Deutschland erworbenen Kenntnissen.[44] Es gab zwar in den folgenden Jahrzehnten zunächst nur wenige Rechtswissenschaftler, die sich bei der wissenschaftlichen Bearbeitung des geltenden Rechts am römischen Recht orientierten. Das änderte sich aber seit den achtziger Jahren, als eine ganze Generation am römischen Recht geschulter Juristen herangebildet wurde. Im folgenden werden wir drei Gelehrte näher betrachten, die jeweils verschiedenen Generationen russischer Zivilrechtslehrer angehören: Dmitrij Mejer, Nikolaj Djuvernua und Iosif Pokrovskij. Im Unterschied zu Mejer und Djuvernua, die als Romanisten noch eine Sonderstellung in der Wissenschaft ihrer Zeit einnahmen, sind das Werk

merhin während des für Rußland zeitweise existenzbedrohenden Konflikts mit Napoleon!) allzusehr am französischen Recht. Vgl. Gebhard, Russisches Familien- und Erbrecht, S. 6: »Man sträubte sich gegen das Gesetzbuch des Siegers von Borodino und Moskau.« Zur Sache Reich, Ius commune 3 (1970), S. 172 f.; vgl. Schlosser, Privatrechtsgeschichte, S. 232 f.

40 Vgl. unten S. 43 f. Näher Reich, Ius commune 3 (1970), S. 172-176 und 180-182.

41 Raeff, Speransky, S. 327.

42 Zum Charakter der sog. »komandirovka« zwischen Forschungs- und Bildungsreise vgl. Maurer, Hochschullehrer, S. 403 ff.

43 Majkov, RV 262 (1899), S. 609-626; RV 263 (1899), S. 239-256 und S. 673-682; verarbeitet bei Torke, FOG 13 (1967), S. 144 f. und nun bei Maurer, Hochschullehrer, S. 167-172 sowie Whisenhunt, In Search of Legality, S. 98 f. Vgl. ferner die Darstellung bei Majakovskij/Nikolaev, S.-Peterburgskij Universitet, S. 487 ff. und in: 275 let Sankt-Peterburgskij Gosudarstvennyj Universitet, S. 105. Viele dieser jungen russischen Juristen lehrten anschließend an der Kaiserlichen Rechtsschule in St. Petersburg; Baberowski, Autokratie und Justiz, S. 34. Zu dieser Einrichtung vgl. Kaiser, Justizreform, S. 108-111.

44 Unter ihnen befanden sich Konstantin Nevolin, der Vorgänger Dmitrij Mejers an der Universität St. Petersburg, und der Rechtsphilosoph Petr Redkin; vgl. Raeff, Speranskij, S. 328 und Avenarius, ZEuP 6 (1998), S. 893, Fußn. 3.

Pokrovskijs und sein Schicksal paradigmatisch für die Vertreter der Rechtswissenschaft seiner Epoche. Während Mejer und Djuvernua Schüler der deutschen Historischen Rechtsschule waren, erwarb Pokrovskij seine juristische Bildung bei den Berliner Vertretern der Pandektistik. Alle drei Juristen standen also unter dem beherrschenden Einfluß der deutschen Rechtswissenschaft. Weil sich die Rahmenbedingungen ihres Wirkens aber wesentlich unterschieden, stellten sich ihnen ganz unterschiedliche Aufgaben.

3. Dmitrij Mejer

a. Stationen seines Lebens

Ein Pionier der Heranziehung des römischen Rechts in der Lehre des geltenden Rechts war Dmitrij Ivanovič Mejer.[45] Er zeigte in Forschung und Lehre erstmals, was das römische Recht für die Dogmatik des geltenden russischen Privatrechts leisten könnte. Geboren 1819, hielt sich Mejer nach Abschluß seines Studiums in St. Petersburg[46] von 1841 an zweieinhalb Jahre lang in Deutschland auf. Mejer hörte in Berlin besonders bei Puchta, Rudorff und Homeyer,[47] in Heidelberg bei Vangerow und Mittermaier. Nach seiner Rückkehr begab sich Mejer ab 1845 an die Universität in Kazan', wo er zunächst als Adjunkt tätig war.[48] 1848 verfaßte er seine Dissertation über das altrussische Pfandrecht. In dieser Arbeit, die Mejer als Anhänger der Historischen Schule ausweist, stellte er rechtsvergleichende Betrachtungen zum altrussischen Recht der Sicherheiten und zur römischen *fiducia* an. In diesem Jahr wurde er außerordentlicher Professor für Bürgerliches Recht. Als Schüler Puchtas entwickelte Mejer einen Schwerpunkt seiner Forschungsinteressen auf dem Gebiet des Gewohnheitsrechts. Da er die Materiallage zu diesem Gegenstand in Kazan' als zu dürftig empfand, begab er sich 1850 vorübergehend nach Odessa, um dort das Gewohnheitsrecht im Handel zu erforschen. Im Jahre 1852 wurde Mejer ordentlicher Professor in Kazan'. Der vielseitig interessierte Gelehrte stand mit dem Kreis um den Kritiker

45 Zu Mejers Biographie vgl. Nečaev, Art. Mejer (Dimitrij [sic] Ivanovič), in: Brokgauz/Efron (Hrsg.), Enciklopedičeskij Slovar', Bd. 18 (1896), S. 950 f.; Grigor'ev (Hrsg.), Imperatorskij S. Peterburgskij Universitet v-tečenie pervych pjatidesjati let ego suščestvovanija (Die kaiserliche St. Petersburger Universität während der ersten fünfzig Jahre ihres Bestehens), S. 157 f.; Wortman, Russian Legal Consciousness, S. 229-231; Šeršenevič, in: Zagoskin (Hrsg.), Biografičeskij Slovar' professorov i prepodavatelej imperatorskago Kazanskago universiteta 1804-1904 (Biographisches Wörterbuch der Professoren und Lehrer der kaiserlichen Kazaner Universität 1804-1904), Teil 2 (1904), S. 44-49. Ein Porträt Mejers enthält Korbut (Hrsg.), Kazanskij gosudarstvennyj universitet imeni V. I. Ul'janova-Lenina za 125 let (Die Staatliche Kazaner V.-I.-Ul'janov-Lenin-Universität während 125 Jahren), Bd. 1, nach S. 88.

46 Mejer hatte dort am Pädagogischen Hauptinstitut (dazu Kaiser, Justizreform, S. 107 f.) sowie an der Universität studiert; vgl. Nečaev, Art. Mejer aaO., S. 950; Torke, FOG 13 (1967), S. 156 mit Fußn. 214.

47 Mejers Studienzeit in Berlin fiel also teilweise mit der des in etwa gleichaltrigen Jhering zusammen. Bei Savigny, der im Wintersemester 1841/42 seine letzten Vorlesungen hielt, hörte Mejer aber - im Unterschied zu Jhering - offenbar nicht mehr.

48 Der Adjunkt war Assistent eines Professors; Voraussetzung für diese Stellung war regelmäßig der Magistergrad; vgl. Maurer, Universitätsprofessoren im Russischen Reich, in: McClelland/Merl/Siegrist, Professionen im modernen Osteuropa, S. 280-310 (289 f.).

Vissarion Belinskij in Verbindung und kannte auch persönlich den jungen Lev Tolstoj[49] sowie Nikolaj Černyševskij, der später den bekannten Tendenzroman »Čto delat'?« (»Was tun?«) verfaßte. Im Jahre 1855 wurde er als Nachfolger Nevolins auf eine Professor für Bürgerliches Recht nach St. Petersburg berufen, bevor er dort nach wenigen Wochen im Alter von nur 36 Jahren der Tuberkulose zum Opfer fiel.[50] Černyševskij schrieb nach Mejers Tod, dieser habe eine Ausnahmeerscheinung gebildet; die Vereinigung seines bedeutenden Talents mit herausragendem Pflichtbewußtsein hätten ihn als weit höherer Aufgaben würdig erscheinen lassen:[51]

> Wir haben Menschen, auf die unser Land stolz sein kann. Aber ... warum kommen diese gewöhnlich so früh um? Und durch welches traurige Zusammentreffen der Umstände kommen sie so oft gerade zu der Zeit um, wenn sie am nützlichsten geworden sind?[52]

b. Die Verwissenschaftlichung des Rechtsunterrichts

Mejer wirkte in einer Zeit, in der für einen an wissenschaftlichen Grundsätzen orientierten Rechtsunterricht bedeutende Schwierigkeiten bestanden. Gebunden an den Wortlaut des Svod Zakonov, konnte Mejer aus dem veralteten und unsystematisch gegliederten Gesetzestext nicht viel an Anregungen für eine wissenschaftliche Lehre gewinnen.[53] Der Svod erwies sich vielmehr als Hindernis für die Rechtswissenschaft; seinem Erscheinen folgte gezwungenermaßen eine positivistische Phase. Mejer stellte sich diesem Positivismus entgegen. Als er etwa von 1845 an als erster Universitätslehrer eine kritische Methode etablierte, begann man historische und rechtsvergleichende Studien zu fertigen.[54] Dies eröffnete den Weg zur Loslösung der Lehre vom reinen Gesetzesinhalt zugunsten allgemeiner, überpositiver Grundsätze. Für Mejer stand dieselbe Quelle der juristischen Bildung offen wie für die westlichen Rechtslehrer: sie lag, wie Nikolaj Djuvernua es später einmal ausdrücken sollte, in der »heutigen Anwendung des römischen Rechts«.[55]

49 Vgl. näher unten S. 25 ff.

50 Černyševskij, (Rez.:) Mejer, Očerk russkogo veksel'nogo prava (Grundriß des russischen Wechselrechts), in: Černyševskij, Polnoe sobranie sočinenij, Bd. 4, S. 670-672 (671).

51 Černyševskij, (Rez.:) Mejer, Očerk russkogo veksel'nogo prava, in: Černyševskij, Polnoe sobranie sočinenij, Bd. 4, S. 670-672 (670). Vgl. ferner Černyševskijs Rezension zu Saltykov-Ščedrin, Gubernskie očerki, in: Černyševskij, Polnoe sobranie sočinenij, Bd. 4, S. 263-302.

52 Černyševskij, (Rez.:) Mejer, Očerk russkogo veksel'nogo prava, in: Černyševskij, Polnoe sobranie sočinenij, Bd. 4, S. 670-672 (672).

53 Djuvernua, Iz kursa lekcij po graždanskomu pravu, S. 13.

54 Torke, FOG 13 (1967), S. 140.

55 »ležit v sovremennom priměnenii rimskago prava«; Djuvernua, Iz kursa lekcij po graždanskomu pravu, S. 13.

Djuvernua verglich Mejers Lage einmal mit der eines Rechtslehrers in irgendeinem beliebigen deutschen Land, nur sei sie »noch weniger dankbar«.[56] Tatsächlich orientierte sich Mejer offenbar an der Verwissenschaftlichung des Unterrichts in deutschen Partikularrechten. Damit wählte er eine Verfahrensweise, wie sie später insbesondere Heinrich Dernburg auf das »Preußische Privatrecht« anwandte: Es handelte sich um die Übertragung der pandektistischen Methode auf das jeweilige Gesetzesrecht, das die Historische Schule bisher den Verfassern eher anwendungsbezogener Darstellungen des positiven Rechts überlassen hatte.[57]

Bemerkenswert an Mejers Rechtsunterricht sowie an seinem überwiegend aus demselben hervorgegangenen Privatrechtswerk ist zunächst das Bestreben, den Stoff der russischen Gesetze nach den Kategorien des römischen Rechtsdenkens wenigstens äußerlich zu ordnen.[58] Dies war zu seiner Zeit in Rußland tatsächlich einzigartig. Aber Mejer ging über das bloße Ordnen weit hinaus. Er wirkte auf eine Verwissenschaftlichung des russischen Privatrechts hin, indem er dessen Schwächen aufzeigte und unter Heranziehung von Lehren des römischen Rechts Verbesserungen vorschlug.[59] Damit hatte Mejer bei seinen Hörern großen Erfolg.[60] Er führte die

56 Djuvernua, Iz kursa lekcij po graždanskomu pravu, S. 12.

57 Wieacker, Privatrechtsgeschichte, S. 445. Dazu differenzierend Luig, Der Spätpandektist Heinrich Dernburg als Begründer der Wissenschaft vom preußischen Privatrecht, in: Dölemeyer/Mohnhaupt (Hrsg.), 200 Jahre Allgemeines Landrecht für die preußischen Staaten, S. 211-237 (223 ff.).

58 Das römische Recht in Rußland (anonymer Verfasser), in: Leonhard (Hrsg.), Stimmen des Auslands über die Zukunft der Rechtswissenschaft, S. 72-77 (73). Mejer konnte sich daran orientieren, daß schon Savigny das ALR auf Grundlage des Pandektensystems dargestellt hatte. Vgl. nun die Edition der Vorlesungsnachschriften bei Wollschläger (Hrsg.), F. C. v. Savigny. Landrechtsvorlesung 1824, Bd. 1 (= Savignyana Bd. 3.1, 1994), Bd. 2 (= Savignyana Bd. 3.2, 1998).

59 Mit Recht weist Westen darauf hin, daß es in Rußland keine andere Rechtswissenschaft als die des römischen Rechts gegeben habe; in: David/Grasmann, Rechtssysteme, S. 250.

60 Mejer trug den Lehrstoff in freier Rede vor. In einer Zeit, in der das Zivilrecht mit dem Inbegriff der geltenden Gesetze identifiziert wurde, die überdies grundsätzlich nur nach ihrem Wortlaut angewandt werden durften, war dies nicht üblich (vgl. die folgende Fn.). Mejers zivilrechtliche Lehren sind enthalten in seinen Vorlesungen, die nach den Aufzeichnungen seiner Hörer herausgegeben worden sind: Russkoe graždanskoe pravo; zitiert ist hier jeweils die 4. Aufl. (1868). Nach Mejers Tod dienten seine Vorlesungen der jungen Generation praktischer Juristen als erste Anleitungen zum Zivilrecht; Wortman, Russian Legal Consciousness, S. 230. Die 8. Auflage von 1902 ist im Jahr 2000 nachgedruckt worden. Der Nachdruck enthält eine Abhandlung über Leben und Werk Mejers (Gol'msten, Dmitrij Ivanovič Mejer. Ego žizn i dejatel'nost' [D. I. M.. Sein Leben und Werk]; S. 14-34). Auszüge aus seinen Vorlesungen wurden auch im Journal des Justizministeriums (ŽMJ) abgedruckt; Wortman, Russian Legal Consciousness, S. 252.

Studenten an die wissenschaftliche Sichtweise des Zivilrechts heran, die bis dahin durch dessen Beschränkung auf das positive Recht verschlossen gewesen war.[61]

Das Niveau von Mejers Lehrveranstaltungen galt als hoch, und nicht nur im theoretischen Unterricht. Mejer organisierte in Kazan' auch praktische Übungen, was in dieser Zeit ganz ungewöhnlich war.[62] Diese Übungen bildeten nämlich einen ausgesprochen modernen Lehrveranstaltungstyp, und zwar keineswegs nur für russische Verhältnisse: die wohl berühmteste praktische Lehrveranstaltung des 19. Jahrhunderts, Jherings Pandekten-Praktikum, hatte ihre Erfolgsgeschichte auch gerade erst im Sommer 1847 in Rostock begonnen.[63] Mejer richtete, um den Universitätsunterricht mit dem Leben zu verknüpfen, sogar eine juristische »Klinik« ein, in der er nach dem Vorbild römischer Juristen in Anwesenheit der Studenten praktische Fälle bearbeitete und auch Rechtsauskünfte erteilte.[64] Nachdem zuvor allein Mos-

61 Wortman, Russian Legal Consciousness, S. 229. Auf die Dürftigkeit des damaligen Rechtsunterrichts läßt ein Bericht des Moskauer Strafrechtlers Christian Steltzer schließen. Er schrieb am 1.6.1806 zur Situation in seinem Fach: »Wenn ich Ihnen etwas (...) über die Methode des juridischen Unterrichts sagte, so würden Sie die Hände zusammenschlagen. Nur eins! Russisches Recht lehrt man in der Art, daß ein Adjunct in Gegenwart des Professors die Ukasen (= Verordnungen) abliest (...)«; zit. nach Stieda, Deutsche Gelehrte, S. 32. Entsprechende Zustände gibt ein bei Torke, FOG 13 (1967), S. 142, Fußn. 170 abgedruckter Bericht aus dem Jahre 1848 wieder: Der Dozent »durfte den Studenten einzelne Artikel des russischen Gesetzbuches vorlesen und nichts weiter; er wählte die ihm nötig scheinenden Paragraphen, und las sie ab, ohne ein Wort daran zu verändern«. Speziell im Hinblick auf Kazan' berichtet V. Bervi-Flerovskij, der Ende der Vierziger Jahre dort studierte, man habe »keine Vorstellung davon gehabt, daß sich ein Student mit der Wissenschaft befassen könnte, anstatt sich nur den Vorlesungsstoff anzueignen«; vgl. L. N. Tolstoj v vospominanijach sovremennikov (L. N. Tolstoj in den Erinnerungen der Zeitgenossen), Bd. 1 (1978), S. 507.

62 Mejers Vorbild in der Verbindung von Wissenschaft und Rechtsanwendung soll sein Berliner Lehrer Carl Gustav Homeyer gewesen sein, der selbst Professor und Mitglied des preußischen Obertribunals sowie des Staatsrates war. Vgl. dazu Wortman, Russian Legal Consciousness, S. 230.

63 Jhering hatte damals seinen Übungen die 1. Auflage seiner »Civilrechtsfälle ohne Entscheidungen« zugrundegelegt und eine vergleichsweise große Hörerzahl angezogen. Vgl. Helfer, Rudolf von Jhering über das Rechtsstudium, in: JZ 1966, S. 506-509 (507); über die (verglichen mit den Vorlesungen) überaus zahlreichen Studenten geben die Hörerlisten Auskunft (UB Göttingen, Cod. Ms. R. v. Jhering, Kasten 7:3).

64 Šeršenevič, in: Zagoskin (Hrsg.), Biografičeskij Slovar' professorov i prepodavatelej imperatorskago Kazanskago universiteta 1804-1904, Teil 2 (1904), S. 47; Černyševskij, (Rez.:) Saltykov-Ščedrin, Gubernskie očerki, in: Černyševskij, Polnoe Sobranie Sočinenij, Bd. 4, S. 286. Praktischen Rechtsunterricht erteilten in dieser Zeit an russischen Universitäten überhaupt allenfalls zwei Hochschullehrer, nämlich Sandunov in Moskau und Mejer in Kazan'. Vgl. Torke, FOG 13 (1967), S. 157; Kaiser, Justizreform, S. 99; Wortman, Russian Legal Consciousness, S. 230.

kau eine an der Rechtspraxis orientierte Juristenausbildung geboten hatte, wurde durch Mejers Wirken Kazan' auf diesem Gebiet führend.[65]

c. Mejer als juristischer Lehrer Lev Tolstojs

Die Kunde vom Erfolg der Lehrveranstaltungen Dmitrij Mejers drang auch zu den Hörern anderer Fakultäten vor. Offenbar dadurch wurde der junge Lev Tolstoj, der seit 1844 in Kazan' orientalische Sprachen studierte, im Herbst 1845 zum Wechsel an die juristische Fakultät bewogen.[66] Die Begegnung des interessierten, im Studium aber bislang glanzlosen Studenten mit dem jungen Hochschullehrer entwickelte sich zu einem persönlichen Betreuungsverhältnis. Noch bevor der bis dahin völlig unbekannte Tolstoj in irgendeiner Form besondere Erwartungen an sein künftiges Schaffen gerechtfertigt hätte, erkannte Mejer an ihm vielversprechende Anlagen:

> Heute examinierte ich ihn und bemerkte, daß er überhaupt keine Lust zu arbeiten hat, und das ist bedauerlich [...] Ich bin überzeugt, daß er sich bei gutem Willen und Selbständigkeit zu einem bemerkenswerten Menschen entwickeln könnte.[67]

Tolstojs juristische Studien bei Dmitrij Mejer liefern ein Beispiel dafür, wie dieser seine eigenen wissenschaftlichen Interessen an den historischen und theoretischen Grundlagen seines Faches in die Betreuung seiner Studenten eingehen ließ. Tolstoj berichtet, daß ihn Mejer schon bald zur eigenständigen Erstellung einer vergleichenden Studie über zwei Dokumente des Rechtsdenkens der Aufklärung angeleitet habe:[68]

> Über den Stoff der Lehrfächer der Fakultät hinausgehend gab mir Mejer, der Professor für Bürgerliches Recht, die Aufgabe, den »Esprit des lois« von Montesquieu mit dem »Nakaz« Katharinas zu vergleichen, und diese Aufgabe beschäftigte mich sehr.[69]

65 Torke, FOG 13 (1967), S. 158.

66 Im Gespräch mit P. Levenfel'd äußerte Tolstoj: »Im zweiten und im dritten Jahr beschäftigte ich mich mit dem Studium des Rechts. Von allen Professoren der juristischen Fakultät zog mich nur Professor Mejer an.« Vgl. L. N. Tolstoj v vospominanijach sovremennikov (L. N. Tolstoj in den Erinnerungen der Zeitgenossen), Bd. 1 (1960), S. 66.

67 Zit. nach Šklovskij, Tolstoj, S. 55; vgl. Kjetsaa, Tolstoj, S. 38.

68 Troyat, Tolstoi, S. 55; Byčkov, Tolstoj, S. 17.

69 Anmerkung Tolstojs in: Birjukov, Tolstoj, S. 133; vgl. Gusev, Letopis', S. 31. Bei dem »Nakaz« handelt es sich um die berühmte Instruktion, die Katharina II. im Jahre 1767 zur Grundlage für die Arbeiten der von ihr eingesetzten Kodifikationskommission herausgegeben hatte. Vgl. die Ausgabe Nakaz imperatricy Ekateriny II (1907). Das Werk stand unter erheblichem Einfluß Beccarias und Montesquieus. Es wurde bald nach seinem Erscheinen in mehrere Sprachen übersetzt und erfuhr große Aufmerksamkeit im westlichen

Dieses Thema ging sowohl im Hinblick auf seine rechtsphilosophische Dimension als auch durch seinen historisch-rechtsvergleichenden Ansatz bei weitem über den konventionellen Rahmen des Lehrfaches Bürgerliches Recht hinaus. Es ist vielfach belegt, wie intensiv sich Tolstoj mit der ihm gestellten Aufgabe befaßte. Allerdings legte er offenbar niemals eine fertig ausgearbeitete Fassung seiner Arbeit vor. Immerhin gingen einige Erträge der Auseinandersetzung mit den beiden Werken in Tolstojs seit 1847 geführte Tagebücher ein.[70] Sie zeigen die Begeisterung Tolstojs für die Ideen Montesquieus zur Gewährleistung der Freiheit durch Gesetzlichkeit. Im Gegensatz dazu enttäuschte ihn die Schrift der Zarin, weil er das Gedankengut der Aufklärung hier mißbraucht sah.[71] So äußerte er sich skeptisch im Hinblick auf die Entwicklungsbedingungen der individuellen Freiheit sowie der Gerechtigkeit in dem von Katharina entwickelten System:[72]

> Die republikanischen Ideen, die (wie Mejer zutreffend bemerkt hat) zum großen Teil von Montesquieu entlehnt sind, setzte sie als Mittel für die Rechtfertigung der Despotie [despotizm] ein, aber zum großen Teil nicht überzeugend. [...] Abschließend meine ich, daß der Nakaz mehr Katharina Ruhm gebracht hat als Rußland Nutzen.[73]

Die Theoretiker der Aufklärung, deren Gedankengut in den Nakaz einging, hatten eine Stärkung der staatlichen Einrichtungen und deren Bindung an Gesetze befürwortet, um der Willkürherrschaft entgegenzuwirken. Die Zarin verfolgte mit der Rezeption dieser Ideen in ihr Programm allerdings in erster Linie die Absicht, gestärkte staatliche Institutionen zur Sicherung der eigenen Machtstellung einzusetzen. Tolstoj erkannte dies zutreffend. Die Schärfe des Vorwurfs, Katharina versuche, die Despotie zu rechtfertigen, liegt gerade in der Verwendung der Begrifflichkeit Montesquieus: Die Despotie (gouvernement despotique) unterscheidet sich bei Montesquieu von der Monarchie, die er als die den Staaten seiner Zeit angemessene Form der Herrschaft betrachtete, in erster Linie durch ihren willkürlichen Charakter und ihren Mangel an Aufklärung.[74]

Ausland. Die im Geiste der Aufklärung erhobenen Forderungen, etwa nach Abschaffung der Folter und Gleichheit aller Menschen vor dem Gesetz, setzte die Zarin allerdings nicht um.

70 Tolstoj, Polnoe Sobranie Sočinenij, Bd. 46, S. 4 ff.

71 Vgl. Kjetsaa, Tolstoj, S. 38.

72 Troyat, Tolstoi, S. 56.

73 Tolstoj, Polnoe Sobranie Sočinenij, Bd. 46, S. 27 f.

74 Vgl. Montesquieu, De l'Esprit des loix, livre deuxième, chap. 1, 4 u. 5. Čečulin bemerkt im Vorwort der von ihm herausgegebenen Ausgabe des Nakaz (S. CXXXI), die Zarin orientiere sich eng an den Überlegungen Montesquieus, verwende aber im Hinblick auf die Monarchie dasjenige, was bei Montesquieu über die Despotie gesagt werde. Vgl. dazu Gracianskij, Političeskaja i pravovaja mysl', S. 54 f.

Mit großem Eifer hatte sich Tolstoj seiner Aufgabe und vor allem dem Studium Montesquieus gewidmet. Seine Interessen richteten sich jedoch bald auf den Bereich der Rechtsphilosophie, um sich anschließend auf die allgemeine Philosophie zu verlagern.[75] Nachdem sich Tolstoj den juristischen Studien zugewandt hatte, um sich mit den Grundlagen des Rechts beschäftigen zu können, richteten sich seine Neigungen nun immer mehr auf die Grundfragen der menschlichen Lebensbedingungen im allgemeinen. In seinem »Brief an einen Studenten über das Recht« schrieb er später:

> Ich war ja selbst ein Jurist und erinnere mich, wie mich im zweiten Kurs die Theorie des Rechts interessierte, und ich begann, sie nicht nur für das Examen zu studieren, weil ich dachte, daß ich in ihr eine Erklärung dessen finden würde, was mir an der Organisation der Lebensverhältnisse der Menschen seltsam und unklar erschien.[76]

Im Rückblick erklärte Tolstoj, seine Arbeit über den Nakaz und den Esprit des lois habe ihm zwar ein neues Gebiet geistiger Tätigkeit geöffnet, doch habe ihn die Universität gleichzeitig daran gehindert, die Aufgabe in befriedigender Weise zu erfüllen.[77] Infolgedessen legte Tolstoj zwar im Januar 1847 Halbjahresprüfungen in Strafrecht und Rechtsgeschichte ab, unterzog sich danach aber keinerlei Examina mehr.[78] Ohne sein Studium abgeschlossen zu haben, ließ er sich 1847 exmatrikulieren.[79] Immerhin zeugen sowohl die literarischen Werke Tolstojs als auch dessen gesellschaftskritische Schriften verschiedentlich von jenen Rechtskenntnissen, die er unter der Anleitung Mejers erwarb.[80]

75 L. N. Tolstoj v vospominanijach sovremennikov (L. N. Tolstoj in den Erinnerungen der Zeitgenossen), Bd. 1 (1960), S. 57. Vom Studium Montesquieus ging Tolstoj alsbald zur Lektüre von dessen geistigem Widersacher Rousseau über.

76 Tolstoj, Pis'mo studentu o prave (1909), in: Polnoe Sobranie Sočinenij, Bd. 38, S. 61.

77 Troyat, Tolstoi, S. 56. Daß Tolstoj glaubte, seine Interessen nur gerade an der Universität nicht befriedigen zu können, zeigt sich an einem im Zusammenhang mit dem Studienabbruch entwickelten »Lernprogramm«, in dessen Rahmen sich Tolstoj u.a. vornahm, sich den gesamten Stoff des Rechtsstudiums (und anderer Fächer) selbständig anzueignen; vgl. Kjetsaa, Tolstoj, S. 41. Ein anderes unter den vielen Programmen, in denen Tolstoj jeweils die Grundsätze für sein künftiges Leben entwarf, enthielt den Vorsatz, das Römische Recht und dessen Regeln zu studieren, und den ersten Teil der Institutionen zu lesen. Vgl. die Tagebucheintragungen vom 7. und 17. April 1847 in: Tolstoj, Polnoe Sobranie Sočinenij, Bd. 46, S. 29 u. 31 sowie Citati, Tolstoj, S. 30.

78 Vgl. Kjetsaa, Tolstoj, S. 39.

79 Braun, Tolstoj, S. 14.

80 Vgl. Kjetsaa, Tolstoj, S. 40.

d. Einzelne privatrechtliche Lehren Mejers

Wir wollen nun Mejers Bemühungen, unter Heranziehung des römischen Rechts im geltenden Privatrecht eine klare und praktisch brauchbare Begrifflichkeit zu entwickeln, näher betrachten. Sie lassen sich an zwei Beispielen verdeutlichen: an der begrifflichen Differenzierung zwischen Eigentum und Besitz sowie am Verständnis des Kaufvertrags.

aa. Die Differenzierung zwischen Eigentum und Besitz

Die begriffliche Unterscheidung zwischen Eigentum und Besitz war im Svod Zakonov nicht konsequent durchgeführt. Der Svod enthielt so gut wie keine Bestimmungen über das Besitzrecht. Er behandelte den Besitz zwar als Tatsache. Einen der gemeinrechtlichen Doktrin entsprechenden, entwickelten Besitzbegriff im Sinne einer von einem Willen getragenen Sachherrschaft, die durch spezielle Rechtsbehelfe geschützt ist, kannte das Gesetz jedoch nicht.[81] Der Svod Zakonov weist zudem eine uneinheitliche Ausdrucksweise auf, wenn er den Ausdruck »vladěnie« (Besitz) bzw. »vladělec« (Besitzer) in dreifachem Sinne verwendet, nämlich bald für Eigentum[82], bald für Nießbrauch[83], bald schließlich für die faktische Herrschaft über eine Sache.[84]

Die Begriffsbestimmung des Eigentums enthält Art. 420.[85] Er lautet:

> Wer als erster Erwerber eines Vermögensgegenstandes durch gesetzliche Bestätigung der besonderen Zugehörigkeit zu ihm in der von den bürgerlichen Gesetzen bestimmten Ordnung die Macht (vlast') erhalten hat, den Gegenstand ausschließlich und unabhängig von fremden Personen ewig und vererblich zu besitzen (vladět'), zu nutzen und darüber zu verfügen, solange er diese Macht nicht auf einen Dritten überträgt, oder auf wen diese Macht (vlast') von ihrem ersten Erwerber unmittelbar oder im Wege gesetzmäßiger Übertragung und Bestätigung übergegangen ist: der hat an diesem Vermögensgegenstand das Eigentumsrecht (pravo sobstvennosti).

81 Hammer, Russia and the Roman Law, in: ASER 16 (1957), S. 1-13 (11 f.). Immerhin wurden in der ZPO von 1864 die Besitzklagen ansatzweise geregelt (Art. 29, 34); vgl. Ajani, in: Studi Gorla, Bd. 2, S. 974, Fußn. 27 sowie die Erläuterung dieser Artikel bei Borovikovskij, Ustav graždanskago sudoproizvodstva s objasnenijami po rěšenijam graždanskago kassacionnago departamenta pravitel'stvujuščago senata (Die Ordnung des bürgerlichen Gerichtsverfahrens mit Erläuterungen gemäß der Rechtsprechung der bürgerlichen Kassationsabteilung des Dirigierenden Senats), 3. Ausgabe (1894).

82 So z.B. in Art. 424 (vladělec für Eigentümer) und Art. 522 (vladěnie für Eigentum). Der Eigentümer wird daneben auch als »Wirt« (chosjain) oder »Herr« (gospodin) bezeichnet.

83 Das Gesetz spricht dann vom »abgesonderten Besitz« (otdělnoe vladěnie; Art. 514 ff.) oder »lebenslänglichen Besitz« (požiznennoe vladěnie; Art. 533^1).

84 Schöndorf, Gerichtspraxis, S. 7 f.

85 Die Artikel beziehen sich auf den 1. Teil des 10. Bandes des Svod Zakonov.

Wenn das Gesetz den Eigentumsbegriff in dieser Vorschrift sowie in Art. 513 (vladěnie) von einem »ewigen und vererblichen Besitz« ausgehend bestimmt, läßt dies auf feudale Vorstellungen schließen. Reich hat zutreffend darauf hingewiesen, daß der Besitz hier als feudalrechtliche Einrichtung mit dem Eigentum als bürgerlichrechtlicher Institution zusammenfällt.[86] Im Svod Zakonov zeigt sich insoweit das Ergebnis des Versuchs, den überkommenen Begriff in einen modernen, individualistischen zu überführen. Man wandte althergebrachte, feudal-besitzrechtliche Vorschriften auf das Rechtsleben des 19. Jahrhunderts an und interpretierte sie damit aus der Perspektive des Privateigentums. Das aber führte zu einem Systembruch.

Mejer vertrat den Standpunkt, daß dieses Eigentumsverständnis den Anforderungen einer modernen Gesellschaft im Hinblick auf das Privateigentum nicht gerecht werde.[87] Nach der gesetzlichen Regelung des Eigentums sei die rechtliche Herrschaft über eine Sache unmittelbar mit der tatsächlichen Herrschaft verknüpft: ohne faktische Herrschaft werde keine rechtliche Herrschaft anerkannt. Dies leite sich aus einem älteren, unentwickelten Verständnis her. Danach bedürfe der abstrakte Begriff des Eigentums einer materiellen Grundlage; wo diese fehle, habe auch der abstrakte Begriff keinen Raum. So sei es zu einer Identifikation des Besitzes mit dem Eigentumsrecht gekommen, die in der undifferenzierten Terminologie des Gesetzes Ausdruck gefunden habe. Tatsächlich fällt schon am Wortlaut des Art. 420 auf, daß die Ausdrücke, die hier einerseits die Herrschaft und andererseits die Befugnis dazu bezeichnen, derselben Wortfamilie angehören (vlast' bzw. vladět').

Gegenüber der Begriffsbestimmung des Eigentumsrechts in Art. 420 wendet Mejer auch ein, daß das Eigentum dort durch die Unabhängigkeit und Ausschließlichkeit des Eigentümers im Besitz, die Benutzung und die Verfügung über die Sache charakterisiert sei, während das Gesetz doch gleichzeitig vielerlei Beschränkungen des Eigentümers in bezug auf die Nutzung bzw. umgekehrt Rechte zur Teilhabe an fremden Sachen kenne. Auch werde dort, wo der Eigentümer in bezug auf die Befugnis zur Verfügung über die Sache beschränkt sei, sein Eigentum nichtsdestoweniger anerkannt.[88]

Mejer erarbeitet demgegenüber eine begriffliche Differenzierung zwischen Eigentum und Besitz, die dem romanistischen Rechtsdenken entlehnt ist:[89] Nach seiner

86 Reich, Ius commune 3 (1970), S. 184. Zum feudalen Charakter des älteren russischen Sachenrechts vgl. Čistjakov/Novickaja (Red.), Zakonodatel'stvo Ekateriny II (Die Gesetzgebung Katharinas II.), Bd. 2, S. 198 u. 203.

87 Vgl. Wagner, Marriage, S. 256.

88 Mejer, Russkoe graždanskoe pravo, S. 249 f.

89 Mejer, Russkoe graždanskoe pravo, S. 249 f. Mejers Vorlesungen waren die ersten, in denen die schwierigen Probleme des Eigentumsrechts in Rußland ausführlich erörtert wurden; Wortman, Russian Legal Consciousness, S. 229. Die Differenzierung zwischen Eigentum und Besitz wurde im Schrifttum rezipiert, wie z.B. die Darstellung bei Leuthold,

Lehre ist das Eigentum keine Form des wie auch immer qualifizierten Besitzes. Aus ihm ergibt sich hingegen lediglich ein Recht zum Besitz.[90] Es umfaßt nämlich die Rechte zum Besitz, zur Nutzung und zur Verfügung. Der Eigentümer darf die faktische Sachherrschaft behaupten, die Sache also besitzen (vladět'), sie ohne ihre Zerstörung nutzen (pol'sovat'sja) und schließlich darüber verfügen (rasporjažat'), indem er das Eigentum aufgibt, nämlich entweder durch Zerstörung der Sache oder Übertragung auf eine andere Person.[91] Diese differenzierende Sichtweise setzte sich später durch: Im Entwurf eines Zivilgesetzbuches, der um die Wende zum 20. Jahrhundert entstand, wurde der Besitz im Sinne der romanistischen Rechtstradition geregelt.[92]

Russische Rechtskunde, S. 123 zeigt: »Der Besitz (vladěnie) d.h. die tatsächliche Herrschaft über eine Sache, ist ein wesentlicher Ausfluß des Eigentumsrechts, kann aber von dem Eigentum durch irgendein Rechtsgeschäft auf Lebenszeit des Besitzers oder bestimmte Frist getrennt sein, ohne daß dadurch übrigens der Eigentümer in der Veräußerung seines Eigentumsrechts behindert würde« … »Unrechtmäßig ist er, wenn er durch Gewalt, List oder sonst eigenmächtig (vi, clam, precario - nassílstwennoje, podlóschnoje, ssamovólnoje) erlangt ward.«

90 Vgl. die Auseinandersetzung mit der Lehre Mejers bei Annenkov, Sistema russkago graždanskago prava (System des russischen Bürgerlichen Rechts), Bd. 2 (prava veščnyja [Sachenrecht]), S. 13 f.

91 Vgl. Mejer, Russkoe graždanskoe pravo, S. 249. Die Aufnahme der dreigeteilten Beschreibung der aus dem Eigentum folgenden Einzelbefugnisse mit Besitz, Nutzung und Verfügung (vgl. Lehr, Droit civil russe, Bd. 1, S. 228 u. 282) in den Svod Zakonov wird gelegentlich auf eine vermutete Trias des römischen Rechts *uti, frui, abuti* zurückgeführt; vgl. Solotych, Zivilgesetzbuch, Einleitung, S. 52. Die Dreiteilung ist in den römischen Quellen aber so nicht überliefert. Die Kompilatoren des Svod Zakonov konnten sie dagegen aus der älteren russischen Rechtstradition übernehmen: sie war in der Regierungszeit Katharinas II. bereits etabliert; Hammer, ASER 16 (1957), S. 11; vgl. Čistjakov/Novickaja (Red.), Zakonodatel'stvo Ekateriny II, Bd. 2, S. 204. Angesichts des erheblichen, wenngleich offiziell uneingestandenen Einflusses des Code Napoléon auf die Gesetzgebungsarbeiten (oben Fußn. 37) liegt es nahe, daß die Aufnahme auch durch dessen Art. 544 (»le droit de jouir et disposer des choses«) begünstigt wurde. Die dreigeteilte Beschreibung des Eigentums wurde - freilich ohne die Bezugnahme auf den »ewigen und vererblichen« Besitz - von der sowjetischen Gesetzgebung übernommen (Art. 58 ZGB RSFSR 1922 - dazu Genkin/Bratus/Lunz/Novizki, Sowjetisches Zivilrecht, Bd. 1 [1953], S. 309-312 - sowie Art. 92 ZGB RSFSR 1964) und ist auch in Art. 209 Abs. 1 des ZGB von 1994 eingegangen; vgl. Solotych, Das neue russische ZGB aus rechtsvergleichender Sicht, in: F. C. Schroeder, Kodifikationen, S. 27-38 (33); Suchanov, in: Suchanov (Hrsg.), Graždanskoe pravo, Bd. 1, 2. Halbbd. (1998), S. 485 f.

92 Vgl. Seeler, Entwurf, S. 153 ff.; Pokrovskij, Vladěnie v russkom proektě graždanskago uloženija (Der Besitz im russischen Projekt eines Bürgerlichen Gesetzbuches), in: ŽMJ 1902, Nr. 10, S. 27-54.

bb. Die Rechtsnatur des Kaufvertrags

Auch in der Frage nach der Rechtsnatur des Kaufvertrags schlug Mejer eine vom bisherigen Verständnis abweichende Sichtweise vor. Anders als beim Besitzrecht bildete die Verbesserung von Unzulänglichkeiten des positiven Rechts hier nur einen Teilaspekt unter den Beweggründen Mejers, der die Durchsetzung der romanistischen Dogmatik hier als selbständiges Ziel verfolgte.

Der Svod Zakonov kannte den Kauf, die »kuplja-prodaža«, nicht als obligatorischen Vertrag. Er bildet darin lediglich ein »Mittel, Eigentum zu erwerben«. Die ihn behandelnden Artikel 1381-1527 befinden sich dementsprechend nicht im 4. Buch des Bd. 10, Teil 1 (»Von den Verbindlichkeiten aus Verträgen«), sondern im 3. Buch: »Von der Art des Erwerbes und der Befestigung der Rechte auf Vermögen im besonderen«. Ein Teil des Schrifttums interpretierte den Kauf des Svod Zakonov daher im Lichte des französischen Rechts als Übereignungstatbestand:[93] Gemäß Art. 711 Code Civil bewirkt nämlich die Einigung über den schuldrechtlichen Vertrag nach dem Konsensprinzip unmittelbar den Eigentumsübergang.[94] Diese Interpretation des Kaufrechts des Svod Zakonov konnte sich auf dessen Art. 1384 stützen, nach dem nur der Eigentümer eine Sache verkaufen konnte.

Dagegen erklärt Mejer die Bezeichnung »kuplja-prodaža« als Übersetzung des lateinischen *emptio venditio*.[95] Nach seiner Auffassung ist der Kauf als Vertrag zu verstehen, durch den eine Seite, der Käufer (pokupatel' oder pokupščik), das Recht erwirbt zu verlangen, daß die andere Seite, der Verkäufer (prodavec), ihr eine bestimmte Sache zu Eigentum überträgt (peredala ej v sobstvennost'), während der Käufer sich verpflichtet, dafür einen bestimmten Preis zu bezahlen.[96] Dieses aus dem römischen Kaufrecht abgeleitete Verständnis[97] schlägt sich bei Mejer auch da-

93 Diesen Standpunkt vertraten Konstantin Pobedonoscev und Aleksej Guljaev; vgl. Gsovski, Soviet Civil Law, Bd. 1 (1948), S. 155 f. mit Nachweisen.

94 Ferid/Sonnenberger, Das Französische Zivilrecht, Bd. 2, Rn. 3 B 109.

95 Mejer, Russkoe graždanskoe pravo, S. 447, Fußn. 1. Mit Rücksicht auf diese Erklärung des Ursprungs ist der Ausdruck »kuplja-prodaža« sogar gelegentlich als »dem Geist der russischen Sprache fremd« kritisiert worden; vgl. Vitrjanskij, in: Suchanov (Hrsg.), Graždanskoe pravo (Bürgerliches Recht), Bd. 2, Halbbd. 1, S. 204, Fußn. 3.
Entsprechend der römischen *emptio venditio* richtet sich der Kauf nach dem Konzept der Art. 1381 ff. auf den Erwerb einer Sache gegen Geld. Entgegen Reich, Ius commune 3 (1970), S. 184 gibt die Bezeichnung »Kauf-Verkauf« keinen Anlaß zu dem Schluß, es habe sich um »eine Art Tauschgeschäft« gehandelt.

96 Mejer, Russkoe graždanskoe pravo, S. 447.

97 Zum Konsensualvertrag *emptio venditio* des römischen Rechts vgl. Kaser, Röm. Privatrecht, Bd. 1, S. 529 u. 545 ff.

rin nieder, daß er den Kauf (anders als das Gesetz) systematisch im Schuldrecht unter den »Verträgen im einzelnen« behandelt.[98]

Mejer wendet sich mit seiner Lehre gegen mögliche Fehldeutungen, die daraus erwachsen könnten, daß das Gesetz die zweiteilige Bezeichnung »Kauf *und* Verkauf« (kuplja i prodaža) verwendet und die Voraussetzungen von Verkauf und Kauf jeweils getrennt darstellt. Das Gesetz behandelt nämlich im Abschnitt »Über Verkauf und Kauf« (O prodaže i kuple) zunächst die Voraussetzungen des Verkaufs (Art. 1381 ff.), bevor es sich anschließend den Voraussetzungen des Kaufs zuwendet (Art. 1402 ff.). Diese Trennung könne nämlich die Vorstellung hervorrufen, daß es sich um zwei Verträge handele. Mejer vertritt dagegen die Auffassung, daß Kauf und Verkauf nur verschiedene Seiten eines und desselben Vertrags seien, zwischen denen insoweit ein unmittelbarer Zusammenhang bestehe. Er verdeutlicht dies am Bild eines gekrümmten Körpers, dessen konvexe Oberfläche mit einer entsprechenden konkaven korrespondiere. Die Vorstellung von Kauf und Verkauf als von zwei einzelnen Verträgen könne, abgesehen von ihrer theoretischen Unsinnigkeit, auch zu fragwürdigen praktischen Ergebnissen führen: Es sei unerträglich, daß das Rechtsgeschäft als Kauf wirksam sein könne, als Verkauf dagegen unwirksam.[99]

In der Folgezeit schloß sich die Literatur überwiegend der von Mejer vorgeschlagenen, in der romanistischen Tradition verhafteten Begrifflichkeit an.[100] Diese verlangte neben dem schuldrechtlichen Vertrag noch einen Übertragungsakt. Der Eigentumsübergang vollzieht sich nach Mejer wiederum über den Besitz, nämlich im Wege der Übertragung desselben (peredača).[101] Voraussetzung ist dabei das Eigentum des Veräußerers (Art. 1384) sowie eine »gesetzmäßige Grundlage« (zakonnoe osnovanie), aufgrund der die Übergabe den Eigentumsübergang bewirkt – Mejer

98 Mejer, Russkoe graždanskoe pravo, S. 447 ff. Demgegenüber behandelt z.B. Leuthold den Kauf noch ganz im Sinne der gesetzlichen Systematik unter den Eigentumserwerbsgründen (Russ. Rechtskunde, S. 128-133), während später Lehr, Droit civil russe, Bd. 2, S. 203-238 den Kaufvertrag unter die anderen schuldrechtlichen Vertragstypen einreiht.

99 Mejer bringt das Beispiel, daß jemand eine Sache verkauft, ohne dazu berechtigt zu sein. Beurteilte man die Wirksamkeit von Kauf und Verkauf getrennt, dann wäre der Verkauf unwirksam (Svod Zakonov 10/1, Art. 1384), und der Kaufpreis könnte nicht verlangt werden, während der Kauf wirksam wäre, so daß der Käufer die Sache beanspruchen könnte.

100 Dazu näher Gsovski, Soviet Civil Law, Bd. 1, S. 155 f.; vgl. Tjutrjumov, Graždanskoe Pravo, S. 281 ff.

101 Pérez Simeón meint, peredača bedeute wörtlich *traditio* (pere- = *trans*; dača = *datio* von davat'/dat' = geben); La transmision de la propiedad en el nuevo código civil de la Federación Rusa, in: ADC 53 (2000), S. 981-1000 (985). Die von diesen Ausdrücken jeweils repräsentierten Begriffe sind aber nicht deckungsgleich. Peredat' bedeutet allgemein »übertragen«. Es wird im russischen Privatrecht sowohl für die tatsächliche Übergabe von Sachen (peredača vešči, d.h. Übertragung des Besitzes; im Rechtswörterbuch Russisch-Deutsch

spricht vom »*iustus titulus*«.[102] Als am Ende des 19. Jahrhunderts ein modernes russisches Bürgerliches Gesetzbuch (Graždanskoe uloženie) erarbeitet wurde,[103] hatte sich die romanistische Sichtweise durchgesetzt. Der Entwurf folgte dem Traditionsprinzip.[104]

von Engelbert wird diese Bedeutungsvariante mit der *traditio* identifiziert) verwendet, als auch für die Übertragung von Rechten (peredača prav). So sieht das neue ZGB (Artt. 454 Abs. 1; 549 Abs. 1; 553 u. ö.) z.B. als Verkäuferpflicht die Übertragung der Sache in das Eigentum der anderen Partei vor (peredat' vešč v sobstvennost' drugoj storone).
Die römischen Quellen weisen demgegenüber eine differenziertere Begrifflichkeit auf. Nach dem spezifisch klassischen, auf der Unterscheidung zwischen rechtlichen und tatsächlichen Verhältnissen beruhenden Verständnis ist die *traditio* die rein faktische Übertragung des Besitzes. Damit Eigentum übergeht, muß ein Rechtsgrund (*iusta causa*) hinzukommen; vgl. Paulus 31 *ad edictum* D. 41,1,31 pr: *Numquam nuda traditio transfert dominium. sed ita, si venditio aut alia* (so emendiert Bynkershoek; die Überlieferung in der Florentiner Handschrift lautet *aliqua*) *iusta causa praecesserit, propter quam traditio sequeretur.* In der vorklassischen Jurisprudenz wurde die *traditio* dagegen als einheitlicher rechtsgeschäftlicher Akt aufgefaßt, bei dem aufgrund der *naturalis aequitas* dem auf Eigentumsübergang gerichteten Willen des *dominus* Rechtswirkungen beigelegt wurden (vgl. Gaius 2 *rerum cottidianarum* D. 41,1,9,3). Zur Sache Behrends, »Iusta causa traditionis«, in: Labruna, Tradere, S. 27-78 (36 f. und 60).
Ein etymologischer Zusammenhang zwischen *dare* und davat'/dat' besteht im übrigen offenbar nicht; vgl. Černych, Istoriko-etimologičeskij slovar' sovremennogo russkogo jazyka (Historisch-etymologisches Wörterbuch der heutigen russischen Sprache), Bd. 1 (1993), s. v..

102 Mejer, Russkoe graždanskoe pravo, S. 294.

103 Dazu unten S. 56 f. und S. 63.

104 Reich, in: Coing, Handbuch III/2, S. 2296; vgl. Seeler, Entwurf, S. 152.

4. Die Gerichtsreform von 1864 als Herausforderung an die Zivilrechtswissenschaft

Wenn wir Mejers Bemühungen, den Institutionen des russischen Privatrechts wissenschaftliche Grundlagen zu geben, angemessen bewerten wollen, müssen wir uns daran erinnern, daß seine Entwürfe wegen des Auslegungsverbots nichts unmittelbar mit dem geltenden Recht zu tun hatten.[105] Erst die Gerichtsreform von 1864 ermöglichte den Richtern, die Rechtsfragen der Praxis auf der Grundlage wissenschaftlicher Systeme und Methoden zu behandeln. Der amerikanische Historiker Wortman schreibt, »the new judges would create the judicial practice [...] that Dmitrij Mejer had *envisioned*.«[106] In der Tat mußte sich ein wissenschaftlich denkender Jurist wie Mejer vor 1864 im wesentlichen noch auf Visionen beschränken.

Grundlegend anders stellten sich die Rahmenbedingungen dagegen in den siebziger Jahren dar. Die Reformgesetze von 1864 hatten nicht nur mehr Freiheit im selbständigen Umgang mit dem Gesetz gebracht. Sie stellten die Juristen damit gleichzeitig vor bedeutende Herausforderungen. Die neue Zivilprozeßordnung verlangte in Art. 9 von allen Richtern,

> die Fälle nach dem genauen Geist der geltenden Gesetze zu entscheiden, aber im Falle ihrer Unvollständigkeit, Unklarheit, Mängel oder Widersprüchlichkeit die Entscheidung auf den allgemeinen Sinn der Gesetze zu gründen.[107]

Damit wurde die Aufgabe der Gesetzesinterpretation, die bislang den obersten Institutionen des Reiches vorbehalten gewesen war, auf die Instanzgerichte übertragen, die nun zur selbständigen Entscheidungsfindung berufen waren.[108] Im gleichen Jahr warf einer der einflußreichsten Juristen jener Zeit, Konstantin Kavelin, die Frage auf: »Čto est' graždanskoe pravo i gdě ego preděly?« – »Was ist das Bürgerliche Recht und wo ist sein Bereich?«.[109] Seine Überlegungen geben Aufschluß über den Zustand des russischen Zivilrechtsdenkens in der zweiten Hälfte des 19. Jahrhun-

105 Der praktischen Ausrichtung seiner Lehre zum Trotz wird Mejer von Djuvernua aus diesem Grunde in einen Gegensatz zu den »Praktikern« gesetzt, die das positive Recht der geltenden Gesetze lehren; Iz kursa lekcij po graždanskomu pravu, S. 13.

106 Wortman, Russian Legal Consciousness, S. 266 (Hervorhebung von mir).

107 Es kam hinzu, daß Art. 10 das dem französischen Recht entlehnte Verbot der Justizverweigerung enthielt (s. oben Fußn. 30). Vgl. Reich, in: Coing, Handbuch der Quellen III/2, S. 2294.

108 Hasselblatt, Justizreform, S. 40.

109 Čto est' graždanskoe pravo i gdě ego preděly? (1864), abgedruckt in: Sobranie Sočinenij K. D. Kavelina (Sammlung der Werke K. D. Kavelins), Bd. 4, Sp. 759-862; dazu Kavelin, Prava i objazannosti (Rechte und Verpflichtungen), S. VI.

derts.[110] Es zeigte sich, daß für die Forschung nicht allein wichtig war, wie das Bürgerliche Recht und sein Geltungsbereich zu definieren seien. Die Frage nach dem Begriff des Bürgerlichen Rechts und seiner Abgrenzung gegenüber dem öffentlichen Recht bildete ja im 19. Jahrhundert kein spezifisch russisches Thema, sondern ein Schlüsselproblem auch anderer europäischer Rechtsordnungen.[111] Kavelin erörterte aber darüber hinaus, wie das Bürgerliche Recht in Rußland beschaffen sein *sollte*. Er interessierte sich insoweit nicht nur für die Erforschung des bestehenden positiven Rechts, sondern vor allem für die Auseinandersetzung mit dessen Rückständigkeit. Tatsächlich leisteten die Rechtslehrer an den juristischen Fakultäten, die das Bürgerliche Recht zu einer Lehrdisziplin von wissenschaftlichem Gehalt umformten, von nun an den wichtigsten Beitrag dazu, diese Rückständigkeit zu überwinden. Dies geschah allenthalben unter Berücksichtigung der zivilrechtlichen Lehren Westeuropas. Die russischen Zivilisten betrieben insoweit Rechtsvergleichung unter der Fragestellung, welche Einrichtungen und methodischen Grundsätze des ausländischen Rechts sich für die Einführung in das eigene Rechtssystem eignen könnten.[112]

110 Zu Kavelin als Exponenten der russischen historischen Rechtsschule näher Grothusen, Historische Rechtsschule Rußlands, S. 90-120; vgl. Meduschewskij, Art. Kavelin, Konstantin Dimitrievič, in: Stolleis, Juristen, S. 341 f.

111 Kavelin, aaO., Sp. 769-807; vgl. allgemein Grimm, Art. Öffentliches Recht II (seit 1750), in: HRG Bd. 3, Sp. 1198-1214 (1202-1204); Laufs, Rechtsentwicklungen, S. 293 f.

112 Razvitie russkogo prava vo vtoroj polovine XIX - načale XX veka (Die Entwicklung des russischen Rechts in der zweiten Hälfte des 19. bis zum Beginn des 20. Jahrhunderts), Red.: E. A. Skripilev, S. 145.

5. Nikolaj Djuvernua

a. Stationen seines Lebens

In diese Entwicklungsphase fiel das Wirken von Nikolaj L'vovič Djuvernua.[113] Geboren 1836, hatte er von 1853 bis 1857 in Moskau studiert, wo sein Lehrer im römischen Recht Nikita Krylov gewesen war.[114] Nach erster Tätigkeit als Gehilfe des Inspektors der Moskauer Universität und als Gymnasiallehrer für Gesetzeskunde[115] setzte Djuvernua seine Studien von 1865 an zwei Jahre lang in Heidelberg fort. Nach Abschluß des Magisterexamens 1869 in Moskau studierte Djuvernua noch zwei Semester in Wien bei Unger und vor allem bei Jhering, der ihn sehr beeindruckt haben muß. Von 1871 an lehrte er Geschichte und Dogmatik des römischen Rechts am Demidovschen Juristischen Lyceum in Jaroslavl'.[116] 1875 wurde er Professor in Odessa, zu-

113 Zur Biographie Markevič (Hrsg.), Dvadcatipjatilětie Imperatorskago Novorossijskago Universiteta (Fünfundzwanzig Jahre Kaiserliche Neurussische Universität), S. 500 f.; Nečaev, Art. Djuvernua (Nikolaj L'vovič), in: Brokgauz/Efron (Hrsg.), Enciklopedičeskij Slovar', Bd. 11 (1894), S. 366; Biografičeskij Slovar' professorov i prepodavatelej imperatorskago S.-Peterburgskago universiteta 1869-1894 (Biographisches Wörterbuch der Professoren und Rechtslehrer der kaiserlichen St. Petersburger Universität 1869-1894), Bd. 1, S. 241-244; Nol'de, Nikolaj L'vovič Djuvernua, in: ŽMNP, N. S. 4 (1906), Teil XI, S. 101-110; Hausmann, Universität und städtische Gesellschaft, S. 563; vgl. schließlich den Nachruf im IV 27 (1906), Bd. 5, S. 689.
Djuvernua schrieb seinen Namen im Ausland »Duvernoy«; vgl. etwa den Eintrag in die Wiener Matrikel unter den »außerordentlichen Juristen« des SS 1870 und WS 1870/71. Gleichwohl muß hier korrekterweise die russifizierte Schreibweise des ursprünglich französischen Namens transliteriert werden. Mit Recht hat Maurer, Hochschullehrer, S. 872 darauf hingewiesen, daß allenfalls bei Personen, die selbst oder deren Eltern nach Rußland eingewandert sind, sowie bei nichtrussischen Angehörigen des Zarenreiches die ursprüngliche Schreibweise verwendet werden sollte, während dies bei mittelbaren Nachfahren der Einwanderer nicht mehr überzeugen kann.

114 Nikita Ivanovič Krylov (1807-1879) hatte 1831 zu den von der Zweiten Abteilung der Kaiserlichen Kanzlei zum Studium nach Berlin geschickten Studenten gehört (oben S. 19). 1835 wurde er Professor in Moskau. Seine Vorlesungen erschienen 1868-69 unter dem Titel »Istorija rimskago prava« (Geschichte des römischen Rechts). Vgl. Biografičeskij Slovar' professorov i prepodavatelej imperatorskago Moskovskago universiteta (Biographisches Wörterbuch der Professoren und Lehrer der kaiserlichen Moskauer Universität), čast' 1, S. 435-438.

115 Vgl. oben Fußn. 33.

116 Diese juristische Lehranstalt war 1805 von Pavel G. Demidov (1738-1821) gestiftet worden. Vgl. Kaiser, Justizreform, S. 106 f.; Woldemar (Bearb.), Geschichte und Statistik, S. 79 f.; Krakovskij, Vorwort, in: Vladimirskij-Budanov, Obzor istorii russkogo prava (Überblick über die Geschichte des russischen Rechts), 1886, Ndr. 1995, S. 14 f.

nächst für römisches, später für Bürgerliches Recht, bevor er 1882 nach St. Petersburg wechselte, wo er an der Universität sowie am Alexander-Lyceum lehrte.[117] Djuvernua starb 1906.

b. Grundgedanken von Djuvernuas Rechtslehre

Wie Mejer – und in bewußter Anlehnung an dessen Vorbild[118] – lehrte auch Djuvernua das russische Zivilrecht nicht einfach nach dem Gesetz: Er meinte nämlich, daß es sich angesichts der genannten problematischen Eigenschaften des positiven Rechts nicht empfehle, von vornherein darin selbst Antworten auf die wissenschaftlichen und praktischen Fragen zu suchen. Man müsse sich zunächst Klarheit über die allgemeine Lage der russischen Rechtswissenschaft verschaffen.[119] Diese betrachtete Djuvernua im Zusammenhang mit der übrigen Entwicklung des europäischen Privatrechts unter besonderer Berücksichtigung der Rezeption des römischen Rechts.

Nach Djuvernuas Überzeugung bildete der Einfluß des römischen Rechts eine historische Erfahrung aller Kulturen des Bürgerlichen Rechts, einschließlich der russischen.[120] Auf dieser Grundlage bekannte er sich zur rechtsvergleichenden Methode. Er wandte sie unter historischer und dogmatischer Betrachtungsweise nicht nur auf Fragen grundsätzlicher Art an, sondern auch bei der Erforschung der einzelnen Rechtseinrichtungen.[121] Dabei griff er bei der Lehre des geltenden Rechts jeweils auf den Stoff zurück, den er in den vorangegangenen Kursen des römischen Privatrechts vermittelt hatte.[122] Auch in seiner Dissertation von 1874 über die Korrealobligation behandelte Djuvernua das Thema paradigmatisch.[123] Die Lehre von den Gesamtschuldverhältnissen selbst trat für Djuvernua im wesentlichen als Mittel auf, um die Methoden der Konstruktion von Instituten aufzuzeigen, die zum Vermächtnis des römischen Rechts gehören.[124]

117 Das Lyceum war nach Ideen Speranskijs konzipiert und zunächst 1811 in Carskoe Selo begründet worden. Es diente der Vorbereitung junger Adliger auf den Staatsdienst. Der Unterricht in den letzten drei Klassen entsprach in etwa dem an der juristischen Fakultät einer Universität. Zu den bedeutendsten Absolventen zählt Puškin. Im Jahre 1849 wurde diese Eliteschule als »Alexander-Lyceum« nach St. Petersburg verlegt.

118 Djuvernua, Iz kursa lekcij po graždanskomu pravu, S. 12 f.

119 Djuvernua, Iz kursa lekcij po graždanskomu pravu, S. 6.

120 Djuvernua, Iz kursa lekcij po graždanskomu pravu, S. 11.

121 Djuvernua, Iz kursa lekcij po graždanskomu pravu, S. 10.

122 Djuvernua, Iz kursa lekcij po graždanskomu pravu, S. 10.

123 Osnovnaja forma korreal'nogo objazatel'stva (Die Grundform der Korrealobligation), Jaroslavl' 1874.

124 Vgl. Nol'de, ŽMNP, N. S. 4 (1906), Teil XI, S. 101 f.

aa. »Die Bedeutung des römischen Rechts für russische Juristen«

Nach seiner Übersiedlung von Wien nach Jaroslavl' veröffentlichte Djuvernua 1872 seinen programmatischen Aufsatz »Značenie rimskago prava dlja russkich juristov« (»Die Bedeutung des römischen Rechts für russische Juristen«).[125] Er behandelt grundlegend die Beziehung des römischen Rechts zur russischen Rechtswissenschaft, Gesetzgebung und Justiz sowie seine Bedeutung für die Juristenausbildung. Im Mittelpunkt der Überlegungen steht die Frage, welche Mittel den Juristen an die Hand zu geben seien, damit diese die völlig neuen Aufgaben würden bewältigen können, vor die sie durch die Reform von 1864 gestellt worden waren.[126]

Djuvernua argumentiert in drei Schritten. Zunächst stellt er unter dem Einfluß der Historischen Schule dar, was das Recht sei und wodurch es sich vom Gesetz unterscheide. Anschließend entwickelt er den Standpunkt, daß das römische Recht nicht irgendein besonderes Recht sei, das allein deswegen aus russischer Sicht als fremd betrachtet werden müsse, sondern eine Erscheinungsform des Rechts an sich, und zwar eine besonders hochentwickelte, der allgemeine Relevanz zukomme. Schließlich zeigt Djuvernua, in welcher Beziehung nach seiner Ansicht Forschung, Lehre und Praxis in Rußland zum römischen Recht stehen sollten.

Die Überlegungen nehmen ihren Ausgang von einer Unterscheidung zwischen Recht und Gesetz, die sich unmittelbar an der Rechtsentstehungslehre Savignys orientiert. Von diesem übernimmt Djuvernua die Vorstellung, daß die Entstehung des Rechts jeder Gesetzgebung vorausgehe, indem es zunächst ein Produkt langer historischer Entwicklung des Volkslebens sei. Dabei hänge es mit Wesen und Charakter des jeweiligen Volkes unmittelbar zusammen.[127] Savigny hatte gelehrt, daß sich mit der Fortentwicklung des Rechts von den Grundsätzen der privatrechtlichen Herrschaftsbeziehungen zum verfeinerten System sodann eine Lösung der unmittelbaren Verbindung des Rechts mit dem gemeinsamen Bewußtsein des Volkes, dem sog. Volksgeist einstelle.[128] Die Aufgabe, dem Ausdruck des Volksgeistes zu dienen, übernähmen dann die Juristen. Mit Blick auf Rußland stellte Djuvernua aber fest, hier sei die lebendige Beziehung des Rechts zum Bewußtsein des Volkes seit langem abgerissen. Die Praxis konzentriere sich in den Händen einiger Spezialisten, die allerdings gerade nicht das Volksbewußtsein repräsentierten. Sie wendeten das Recht vielmehr zur Festigung und Ausnutzung der bestehenden Machtverhältnisse an,

125 Djuvernua, VDJL 1872/1, S. 33-57.

126 Djuvernua, VDJL 1872/1, S. 35-37.

127 Savigny, Beruf, S. 102-104; vgl. dens., System des heutigen Römischen Rechts, Bd. 1, S. 13-21.

128 Savigny, Beruf, S. 104. Vgl. Gale, A Very German Legal Science, in: SJIL 18 (1982), S. 123-146 (132).

während große Teile der Bevölkerung aus verschiedenen Gründen vom Recht ganz ausgeschlossen seien.[129]

Von seiten des Gesetzgebers erwartet Djuvernua keine Verbesserung der Rechtslage. In einer Zeit, in der das Zivilrecht dem uneingeschränkten Einfluß der Obrigkeit ausgesetzt sei, die auf die Errungenschaften von Wissenschaft und Rechtsprechung keine Rücksicht nehmen müsse, könne man von Gesetzen keinen Fortschritt erwarten. Zur Abhilfe seien die Juristen vielmehr selbst aufgerufen. Sie sollen sich nach der Vorstellung Djuvernuas einer geschichtlichen Rechtswissenschaft zuwenden. Nur die historische Methode könne nämlich unveränderliches, von der zufälligen Richtung des gesetzgeberischen Willens unabhängiges Material für die Forschung erschließen. Nichts könne auf so belebende Weise auf das Recht wirken, wie eine ständige und vielfältige Berührung zwischen der Rechtswissenschaft und dem Recht der Vergangenheit.[130] Auch in dieser Hinsicht zeigt sich der Einfluß der historischen Methode Savignys.[131]

Die Grundlage, aus der eine historisch betriebene Rechtswissenschaft die notwendigen Erkenntnisse gewinnen könnte, bildet für Djuvernua das römische Recht.[132] Als bedeutendes Problem stellt sich für ihn allerdings dar, daß sich das römische Recht nicht im eigenen, also russischen Volk entwickelt hatte. Das Problem der Fremdheit war in Rußland von ungleich größerer Brisanz als im Westen. Djuvernua knüpft hier an Speranskijs Äußerung an, das Recht sei eine historische und nationale Erscheinung, und das römische Recht den Russen daher fremd.[133] Bei Savigny findet Djuvernua keine überzeugende Erklärung dafür, daß ein in einem bestimmten Volk historisch gewachsenes Recht in einem fremden Staat angenommen werden könne. Savigny hatte in seiner Schrift »Vom Beruf unsrer Zeit für Gesetzgebung und Rechtswissenschaft« (1814) das Problem der Fremdheit behandelt, aber bei der Aus-

129 Vgl. oben Fußn. 23. Diese Einschätzung entspricht der illusionslosen Feststellung, die Tolstoj 1909 in seinem »Brief an einen Studenten über das Recht« traf: Wenn man nicht vom Standpunkt der Wissenschaft frage, sondern danach, was nach der allgemeinen Vorstellung der Bevölkerung mit dem Ausdruck »Recht« bezeichnet werde, »dann wird die Antwort auf die Frage, was das Recht sei, sehr einfach und klar sein: Für die Menschen, die Macht haben, bedeutet das Recht in Wirklichkeit die selbstverliehene Erlaubnis, diejenigen Menschen, über die sie die Macht haben, zu zwingen, dasjenige zu tun, was ihnen - den Machthabern - nützlich ist; für die Machtunterworfenen bedeutet das Recht die Erlaubnis, alles das zu tun, was ihnen nicht verboten ist.« Tolstoj, Polnoe Sobranie Sočinenij, Bd. 38, S. 55.

130 Djuvernua, VDJL 1872/1, S. 42-44.

131 Vgl. Razvitie russkogo prava vo vtoroj polovine XIX - načale XX veka (oben Fußn. 112), S. 143 f.

132 Entsprechend meinte Guljaev, UI 1894, Nr. 11, S. 15, für die russischen Juristen habe »das römische Recht die Bedeutung einer juristischen Schule«.

133 Djuvernua, VDJL 1872/1, S. 45; vgl. oben Fußn. 36.

einandersetzung mit dem Vorwurf, das römische Recht habe das nationale Recht überfremdet, seiner Meinung nach bewältigt. Dabei hatte er sich zweier Argumente bedient: Erstens habe der Rezeption »innere Notwendigkeit« zugrundegelegen. Dem deutschen Recht hätten nämlich sonst die Voraussetzungen für eine annähernd so günstige Entwicklung gefehlt. Zweitens vollziehe sich die Entwicklung moderner Völker nicht in gleichem Maße abgeschlossen, wie es bei den Völkern des Altertums der Fall gewesen sei. Daher erscheine »ihnen auch ein fremdes und gemeinsames bürgerliches Recht nicht unnatürlich«.[134] Darin sieht Djuvernua aber keine befriedigende Erklärung. Dem Argument der Notwendigkeit pflichtet er, wie noch zu zeigen sein wird, bei. Allein das kann für ihn allerdings nichts daran ändern, daß das römische Recht aus russischer Sicht ein fremdes ist. Zwar spielt Djuvernua die Gründe für den Sonderweg Rußlands herunter, und verweist etwa auf die mit der räumlichen Entfernung zu Westeuropa bislang verbundenen Schwierigkeiten.[135] Aber er kann die Fremdheit des römischen Rechts nicht leugnen.

Gleichwohl sieht Djuvernua einen Weg, sich das römische Recht zum Nutzen des geltenden Rechts zu eigen zu machen. Er verweist auf eine aus Sicht der Wissenschaft »stolze« Bemerkung seines Heidelberger Lehrers Vangerow, das römische Recht sei, »obgleich auf fremdem Boden gewachsen, durch die Kraft des Lebens und noch mehr durch die *Kraft der Wissenschaft* zum unbestrittenen Gut des deutschen Volkes geworden«.[136] Ermöglicht wird eine solche Aneignung nach Djuvernua durch den »universellen Charakter« des römischen Rechts. Er schreibt:

134 Savigny, Beruf, S. 119; vgl. Gale, SJIL 18 (1982), S. 134.

135 Djuvernua, VDJL 1872/1, S. 53: »Unsere Beziehung zu diesem Reichtum der klassischen Wissenschaft hat sich nicht eingestellt aus unserer Vergangenheit, und sicherlich war der wichtigste Grund unsere Entfernung von den Zentren der Zivilisation, welche die neue Zeit so leicht überwindet.« Vgl. bereits Iz kursa lekcij po graždanskomu pravu, S. 11: »(...) sein Fehlen (d.h. des Einflusses des römischen Rechts) oder seine geringe Bedeutung (muß) angesehen werden wie eine vorübergehende Zufälligkeit«.

136 Djuvernua, VDJL 1872/1, S. 44 (Hervorhebung im Original). Djuvernua verdankt diese Bemerkung Vangerows offenbar dessen Heidelberger Vorlesungen. Nachschriften belegen, daß sich Vangerow offenbar auf den Beitrag der in Bologna ausgebildeten deutschen Juristen zur Rezeption bezogen hatte. Vgl. Pandecten Erste Hälfte (Allgemeine Lehren, Familien- und dingliche Rechte) von K. v. Vangerow Winter-Semester 1867/68 (16/10 67 - 20/3 68) K[arl] Becker, S. 6: »Nichts destoweniger macht das 12. Jahrh[undert] Epoche d[u]rch d[ie] Entst[e]h[un]g der weltberühmten Glossatorenschule in Bologna. Während des 12ten u[nd] 13ten Jahrh[underts] erstanden daselbst eine Masse berühmter Rechtslehrer, die das röm[ische] R[echt] vor tausenden von Zuhörern vortrugen, mit einem noch größeren Einfluß d[u]rch ihre Lehrvorträge, als d[u]rch ihre literärische Arbeiten. D[a]durch wurde der Same des röm[ischen] R[echts] d[u]rch ganz Europa verbreitet.« Vgl. ferner Institutionen des römischen Rechts. Vorgetragen von Geh. Hofrath v. Vangerow. Im Sommer-Semester 1847. Ludwig Benz Stud. cam., S. 31: »Durch die

> Man muß an ihm [d.h.: dem Recht] die Momente unterscheiden, ohne die kein Recht denkbar ist, man muß seine Grundlagen finden in der Natur des Menschen und in der Geschichte. Wenn wir auf diese Weise auf das Recht von einem universalen Standpunkt aus gesehen haben, dann machen wir uns die Bedeutung des römischen Rechts klar, welches frei, ohne alle äußere Autorisation, *nur mit der Kraft seines inneren Wertes*, im 15. Jahrhundert die deutsche Welt eroberte, und frei, ungeachtet der finsteren Prophezeihungen Speranskijs, bei uns eine neue Eroberung macht.[137]

Djuvernua war der Ansicht, daß Savigny den Gesichtspunkt der Universalität nicht angemessen berücksichtigt hatte. Er meinte, die Vorstellung vom organischen Wachsen des Rechts innerhalb einer Nation, wie sie bei Savigny zum Ausdruck komme, liefere keine hinreichende Erklärung für die Herrschaft eines fremden Rechts in Staaten der Neuzeit.[138] Diese Auffassung wird der Lehre Savignys aber nicht gerecht. Dieser betrachtete das Recht nämlich durchaus als universales Kulturphänomen. Er glaubte an allgemeinverbindliche Rechtsprinzipien, die nur deshalb in den einzelnen Völkern zur konkreten Erscheinung kommen, weil die menschliche Rechtskompetenz an die Völker gebunden ist.[139] Djuvernua hatte sich offenbar einseitig an Savignys Schrift »Vom Beruf unsrer Zeit für Gesetzgebung und Rechtswissenschaft« orientiert. In dieser wurde der Gesichtspunkt der Universalität – anders als später im 1. Band des »System des heutigen Römischen Rechts« – tatsächlich noch kaum erörtert.[140]

Glossatoren Schule wurde der Uebergang des röm[ischen] Rechts auf fast alle gebildeten Länder Europas vermittelt, namentlich wurde es durch deutsche Juristen die in Bologna studirten größtentheils in Deutschland zu Ansehen gebracht. [...] Dazu wirkte freilich auch mit die hohe Ausbild[un]g des röm[ischen] Rechts, während das deutsche Recht sich noch in seinem Aufkommen befand«.

137 Djuvernua, VDJL 1872/1, S. 46 (Hervorhebung im Original). Für die Äußerungen Speranskijs, auf die sich Djuvernua hier bezieht, vgl. oben Fußn. 36.

138 Djuvernua, VDJL 1872/1, S. 45 f.

139 Savigny, System des heutigen Römischen Rechts, Bd. 1, S. 21: »Was in dem einzelnen Volk wirkt, ist nur der allgemeine Menschengeist, der sich in ihm auf individuelle Weise offenbart. Allein die Erzeugung des Rechts ist eine That, und eine gemeinschaftliche That. Diese ist nur denkbar für diejenigen, unter welchen eine Gemeinschaft des Denkens und Thuns nicht nur möglich, sondern auch wirklich ist. Da nun eine solche Gemeinschaft nur innerhalb der Gränzen des eigenen Volkes vorhanden ist, so kann auch nur hier das wirkliche Recht hervorgebracht werden (...).«
Zur Sache insbesondere Behrends, Geschichte, Politik und Jurisprudenz, in: Behrends/Dießelhorst/Voß, Römisches Recht in der europäischen Tradition, S. 257-321 (268 und 271-274); ders., Rudolph von Jhering, in: Loos, Rechtswissenschaft in Göttingen, S. 229-269 (235, Fußn. 14). Vgl. Meyer, Bona fides, S. 33 f.

140 Vgl. Savigny, Vom Beruf unsrer Zeit, S. 113: »Die Vertheidiger des Römischen Rechts haben nicht selten den Werth desselben darin gesetzt, daß es die ewigen Regeln der Ge-

bb. Djuvernua als Schüler Rudolf von Jherings

Eine befriedigende Ausarbeitung des Gesichtspunkts der Universalität findet Djuvernua dagegen im Werk desjenigen Juristen, den er als den bedeutendsten seiner Zeit betrachtet, und bei dem er 1870/71 in Wien studiert hatte: bei Rudolf von Jhering.[141] Schon dieser hatte der Historischen Schule Savignys vorgeworfen, sie habe den Gedanken der Nationalität zum alleinigen und ausschließlichen Prinzip der Rechtsbildung erhoben.[142] Die Lehre vom nationalen Charakter des Rechts mache aber ein richtiges geschichtsphilosophisches Verständnis der Rezeption unmöglich.[143] Jhering meinte also, daß die Historische Rechtsschule die Rezeption gerade nicht habe rechtfertigen können.[144] Insoweit verkannte auch er Savignys in Wahrheit universalistischen Standpunkt.[145] Daß Jhering allerdings die praktischen Konsequenzen, zu denen eine einseitige Auffassung des Rechts als nationales Gut führen kann, zutreffend einschätzte, hat sich schon an Speranskijs Dilemma gezeigt: Dieser hätte die offene Aufnahme fremden Rechts nicht rechtfertigen können, ohne Verrat

rechtigkeit in vorzüglicher Reinheit enthalte (...) Erkundigt man sich genauer, so wird freylich wieder der größte Theil als Beschränktheit und Spitzfindigkeit aufgegeben (...). Im System Bd. 1, S. 20 f. wird Savigny deutlicher: »Diese Ansicht, welche das individuelle Volk als Erzeuger und Träger des positiven oder wirklichen Rechts anerkennt, dürfte Manchen zu beschränkt erscheinen, welche geneigt seyn möchten, vielmehr dem gemeinsamen Menschengeist, als dem individuellen Volksgeist, jene Erzeugung zuzuschreiben. In genauerer Betrachtung aber erscheinen beide Ansichten gar nicht als widerstreitend. Was in dem einzelnen Volk wirkt, ist nur der allgemeine Menschengeist, der sich in ihm auf individuelle Weise offenbart.« Im Anschluß an die oben Fußn. 139 zitierten Sätze führt Savigny aus, daß »in der Erzeugung desselben (d.h. des Rechts) die Äußerung eines allgemein menschlichen Bildungstriebes wahrzunehmen ist, also nicht etwa die eigenthümliche Willkühr mancher besonderen Völker.« Es erweist sich auch hier, daß Kunkel mit Recht gefordert hat, Savignys Programmschrift im Lichte seines (späteren) wissenschaftlichen Werks zu verstehen; Savignys Bedeutung für die deutsche Rechtswissenschaft und das deutsche Recht, in: JZ 1962, S. 457-463 (460).
Djuvernuas Mißverständnis der Lehre Savignys könnte noch dadurch bestärkt worden sein, daß er bei Abfassung seines programmatischen Aufsatzes gerade aus Wien zurückgekehrt war und noch frisch unter dem Eindruck der Lehre Jherings stand, der Savignys Standpunkt ebenfalls unrichtig aufgefaßt hatte. Vgl. unten Fußn. 145.

141 Djuvernua, VDJL 1872/1, S. 46.

142 Jhering, Geist des römischen Rechts, Bd. 1, 9. Aufl., S. 12.

143 Jhering, Geist des römischen Rechts, Bd. 1, S. 3.

144 Jhering, Geist des römischen Rechts, Bd. 1, S. 5.

145 Jhering hatte, wie Behrends gezeigt hat, nicht erkannt, daß Savignys Prinzipienlehre nicht weniger universalistisch angelegt war als seine eigene pragmatisch-evolutionäre Theorie. Vgl. schon oben Fußn. 139. Zur Sache Behrends, Rudolph von Jhering, aaO., S. 235, Fußn. 14; ders., Geschichte, Politik und Jurisprudenz, aaO., S. 257 ff.

an der Rechtsentstehungslehre zu üben, die die konservativen Kräfte um den Historiker Karamzin mit Billigung des Zaren durchgesetzt hatten. Diese ging im Sinne der Historischen Schule von der Entwicklung eines jeweils eigenen, charakteristischen Rechts im Volk aus.[146] Daher mußte sich Speranskij auf eine behutsame Kryptorezeption beschränken.[147] Er war genötigt, die vorsichtige Anpassung der überkommenen Gesetze als rein internen Vorgang zu verstehen, und gleichzeitig zu verkünden, das neugeordnete Recht sei genuin russisch.

Jhering fordert demgegenüber, den Gedanken der Nationalität in das richtige Verhältnis zu dem der Universalität zu setzen. Die richtige Begründung für die Rezeption liege darin, daß die Völker nicht isoliert stehen, sondern in gegenseitigem Austausch, der sich nach Zweckmäßigkeit und Bedürfnissen richtet.[148] Von dieser Voraussetzung ausgehend meint Djuvernua, die Grundlagen für eine Bewältigung der neuen Aufgaben könnten durch historische Arbeiten und Erfahrungen mit der vergleichenden Erforschung des Rechts aus dem reichen geschichtlichen Material erarbeitet werden. Diesen Weg habe Jhering gewiesen. Djuvernua schreibt:

> Die Aufgabe des großen Juristen und Denkers in seinem bemerkenswerten Werk über den Geist des römischen Rechts bildet nicht das römische Recht, sondern das Recht an sich, zutagegetreten und folgend aus dem römischen Recht. Die Aufgabe ist in ihrer wesentlichen Gestalt eine dogmatische und philosophische, keine historisch-juristische.[149] Sie kann namentlich besser mit dem römischen Recht erfüllt werden, weil sich in ihm die abstrakten Ideen des Rechts historisch auf die vollkommenste Weise verwirklicht haben. Das heißt nicht, daß das römische Recht etwas unabänderliches, unbedingt richtiges für alle Zeiten bildet, oder daß allein mit dem römischen Recht jede der heutigen Nationen umgehen könnte; es bedeutet nur, daß sich in ihm das hauptsächliche und allgemeine Element, das die Grundlage allen Rechts bildet, in solchen Stufen entwickelt, wie sonst nirgends.[150]

146 Vgl. Beyrau, Rußland und Europa, in: Beyrau/Čičurov/Stolleis, Reformen im Rußland, S. 1-23 (13).

147 So zu recht Ajani, in: Studi Gorla, Bd. 2, S. 969; zur verdeckten Einführung von Neuerungen Raeff, Speransky, S. 338.

148 Vgl. Jherings berühmte Bemerkung: »Die Frage von der Rezeption fremder Rechtseinrichtungen ist nicht eine Frage der Nationalität, sondern eine einfache Frage der Zweckmäßigkeit, des Bedürfnisses. Niemand wird von der Ferne holen, was er daheim ebensogut oder besser hat, aber nur ein Narr wird die Chinarinde aus dem Grunde zurückweisen, weil sie nicht auf seinem Krautacker gewachsen ist.«; Geist des römischen Rechts, Bd. 1, S. 8 f.
Zur Sache ferner Sturm, Brennpunkte einer Ellipse, in: Festvorträge für G. Wesener, S. 40 f.

149 Djuvernua gibt insoweit fast wörtlich eine Äußerung Jherings aus der Vorrede zur 2. Auflage des Geist des römischen Rechts (1866) wieder.

150 Djuvernua, VDJL 1872/1, S. 52.

Jhering hatte seine Pandektenvorlesung, die Djuvernua im Sommer 1870 gehört hatte, nach jener Maxime ausgerichtet, von der er in seinem »Geist des römischen Rechts« erklärt hatte, daß sie die Bedeutung des römischen Rechts für die Gegenwart ausmache: »Durch das römische Recht, aber über dasselbe hinaus!«[151] Aus diesem Grunde behandelte er hauptsächlich Materien, die vergleichsweise wenig mit spezifisch römischen Kulturverhältnissen zusammenhängen, aber der modernen Rechtsanschauung am meisten entsprechen.[152] Auf diese Weise konnte er seine Hörer davon überzeugen, daß das römische Recht solide Grundlagen für die wissenschaftliche Konstruktion oder dogmatische Ausarbeitung moderner Rechtsinstitute bieten könne.[153]

Djuvernua fordert die russischen Juristen daher zu intensiver Arbeit an den Quellen auf, um die juristische Materie der klassischen Welt zu erschließen. Er meint, auf diese Aufgabe müsse die Juristenausbildung solange vorbereiten, bis die inneren Kräfte des römischen Rechts schließlich *non ratione imperii sed rationis imperio* im Leben wie in der Praxis Wirkung zeigten.[154] Die Ausbildung müsse nach westeuropäischem Muster reformiert werden. Nur Juristen, die auf diese Weise gebildet seien, seien echte Juristen und nicht nur dem Namen nach. Allein sie erreichten das erforderliche Niveau, um die anstehenden Aufgaben bewältigen zu können.[155]

Tatsächlich hatten sich die Richter, solange sie an den Wortlaut des positiven Rechts gebunden und im übrigen gehalten waren, sich in Zweifelsfällen an die Obrigkeit zu wenden, über den Geist des römischen Rechts keine Gedanken machen müssen.[156] Die Situation stellte sich aber nach 1864 ganz anders dar, seit die Richter das anwendbare Recht selbständig ermitteln mußten. Auf diese Herausforderung waren sie nicht vorbereitet, weil sich in Rußland bislang keine Wissenschaft hatte entwickeln können, auf deren Grundlage die Juristen hätten herangebildet werden

151 Jhering, Geist des römischen Rechts, Bd. 1, S. 14.

152 Vgl. den Bericht: Von der Wiener Universität. Rudolf Jhering, in: Juristische Blätter 1872, S. 4-5 (5), auch abgedruckt im Rahmen der Vorrede der Herausgebers in: Jhering, Der Kampf um's Recht, hrsg. von F. Ermacora, S. 14. Vgl. dazu Hofmeister, Jhering in Wien, in: Behrends (Hrsg.), R. v. Jhering. Beiträge und Zeugnisse, S. 38-48 (39 f.).

153 Djuvernua nennt Beispiele aus dem Wertpapierrecht; VDJL 1872/1, S. 52.

154 Djuvernua, VDJL 1872/1, S. 57.

155 Djuvernua, VDJL 1872/1, S. 54 f. Durch Kavelins Abhandlung »Čto est' graždanskoe pravo i gdě ego preděly?« (oben Fußn. 109) war Djuvernua offenbar von der Notwendigkeit überzeugt worden, daß die anstehenden Aufgaben nicht von einzelnen Spezialisten, sondern von einer ganzen Generation bewältigt werden müßten. Vgl. Djuvernua, Art. Kavelin, in: Biografičeskij Slovar' professorov i prepodavatelej imperatorskago S.-Peterburgskago universiteta 1869-1894, Bd. 1, S. 289-293 (291).

156 Djuvernua, VDJL 1872/1, S. 57.

können.[157] Daß diese das erforderliche Rüstzeug erst langsam erwerben mußten, galt für die Instanzgerichte ebenso wie für die Kassationsabteilung des Senats. Es ist nicht verwunderlich, daß der Senat erst frühestens zehn Jahre, nachdem ihm die Reformgesetze die Aufgabe eines Obersten Gerichts zugewiesen hatten,[158] wirklich Rechtsfortbildung zu betreiben begann.[159]

Jhering hat an der Historischen Schule einmal kritisiert, die auf Savigny zurückgehende Vorstellung vom »organischen Werden« des Rechts unterschätze die »Bedeutung der menschlichen Tatkraft, die Rolle, die der freie Entschluß, die Reflexion und Absicht in der Geschichte spielen.«[160] Er meinte, die Rechtsentstehungslehre der Historischen Schule lähme geradezu die Arbeit der Juristen.[161] Im Falle Djuvernuas, der sich diesem Aspekt von Savignys Rechtsentstehungslehre, wie wir gesehen haben, eng verbunden fühlt, zeigt sich aber, daß von einer Lähmung nicht die Rede sein kann. Hier ist auch daran zu erinnern, daß selbst Savigny gerade dann eingreifende, sogar gesetzgeberische Maßnahmen befürwortet hatte, wenn es um die Überwindung feudaler Strukturen ging.[162] Welch einen Reiz muß dieser Gedanke auf einen russischen Juristen ausgeübt haben, der mit der anachronistischen Regelung des Eigentumsrechts im Svod Zakonov umzugehen hatte!

Dennoch hat auch Jherings Betonung des menschlichen Tätigseins, der Glaube an den Fortschritt, den der Mensch selbst herbeiführe,[163] Djuvernua offenbar fasziniert.[164] So stellte dieser die Verknüpfung der Rezeption des römischen Rechts mit

157 »In der finsteren Geschichte unseres Staatswesens konnte lange Zeit von einer freien Entwicklung des Denkens und der Wissenschaft keine Rede sein. Aber kann sich aus dieser Vergangenheit unsere Zukunft entwickeln?«; VDJL 1872/1, S. 53.

158 Kaiser, Justizreform, S. 316; Reich, in: Coing, Handbuch der Quellen III/2, S. 2284; vgl. Cečoev/Orlova, Istorija gosudarstva i prava Rossii XIX-XX vv. (Geschichte von Staat und Recht Rußlands im 19. bis 20. Jahrhundert), S. 31.

159 Schöndorf, Gerichtspraxis, S. 1 mit Nachweisen; vgl. Ajani, in: Studi Gorla, Bd. 2, S. 974 f.

160 Jhering in seinem Nachruf: Friedrich Karl von Savigny, in: JherJb 5 (1861), S. 354 ff. (368 f.). Vgl. dagegen das Zitat oben Fußn. 139 aus Savignys System Bd. 1, S. 21 und die in diesem Zusammenhang stehende Äußerung: »Allein die Erzeugung des Rechts ist eine That, und eine gemeinschaftliche That.« Jherings Kritik an Savigny in seinem Nachruf ist nicht nur in diesem Punkte überzogen.

161 Vgl. Luig, Rudolf von Jhering, in: Behrends, Jherings Rechtsdenken, S. 255-268 (257).

162 Vgl. Savigny, Beruf, S. 106. Dazu Behrends, Geschichte, Politik und Jurisprudenz, a.a.O. (Fußn. 139), S. 273 f., 281 und Avenarius, Savignys Lehre, S. 62-65.

163 Vgl. Jhering, Entwicklungsgeschichte, S. 24 (»die Geschichte des Rechts ist die des zielbewußten Denkens und der menschlichen Thatkraft«); S. 26 (zum Fortschrittsgedanken im Recht). Vgl. Behrends, Jherings Evolutionstheorie, in: Behrends, R. v. Jhering, Ist die Jurisprudenz eine Wissenschaft?, S. 93-202 (102 f.).

164 Es ist daher kein Zufall, daß Jhering einen besonders starken Eindruck auf Russen machte und in Rußland besonders viele treue Anhänger gewann. Dies gilt z.B. neben Djuvernua

dem Fortschrittsgedanken her. Sie wird im russischen Schrifttum bis heute oft herangezogen. Iosif Pokrovskij äußerte einmal, die Rezeption des römischen Rechts sei sowohl eine historische Notwendigkeit als auch ein Faktor des Fortschritts gewesen.[165] Während sich Pokrovskij mit dieser Bemerkung ursprünglich auf die Rezeption in Deutschland bezogen hatte, werden seine Worte heute – soweit ein auch nur mittelbarer Einfluß des römischen Rechts anerkannt wird – gelegentlich im Hinblick auf die russische Rechtsentwicklung zitiert.[166]

für Sergej Muromcev (1850-1910), als Romanist u.a. Verfasser einer umfangreichen Darstellung des römischen Privatrechts (Graždanskoe pravo drevnjago Rima, 1883), der im Sommer 1873 bei Jhering studiert hatte und daraufhin zum Jheringianer (»ieringianec«; vgl. Tarchov, aaO., S. 9) wurde. Er redigierte die russische Übersetzung der 4. Auflage der Civilrechtsfälle ohne Entscheidungen (Graždansko-pravovye kazusy bez rěšenij, übersetzt von V. Ognev, 1883). Zeugnisse der Verehrung Jherings durch den am gleichen Tag wie Muromcev in Göttingen immatrikulierten Fürsten L. Golicyn - ihm (»Gallitzin«) hatte Jhering den 1. Band seines »Zweck im Recht« (1877) gewidmet - bei Ehrenberg, Rudolf von Jhering in Briefen, Nrn. 92, 94, 98 sowie bei Behrends (Hrsg.), R. v. Jhering. Beiträge und Zeugnisse, S. 77 f.
Hermann Kantorowicz hat 1914 bemerkt, daß neben dem romanischen besonders das slavische Ausland in Jhering die zentrale Gestalt der neueren Rechtswissenschaft sehe; Die Epochen der Rechtswissenschaft, in: Radbruch, Vorschule der Rechtsphilosophie, S. 61-79 (74). In dieser Hinsicht hat Losano zutreffend darauf hingewiesen, daß die meisten Übersetzungen der Werke Jherings in Rußland erschienen; Studien zu Jhering und Gerber, S. 165. Es ist sogar behauptet worden, Jhering habe »in der slavischen Welt weit geräuschvollere Erfolge gehabt als in Deutschland«; Das römische Recht in Rußland (anonymer Verfasser), S. 74. Zu dieser Verbreitung der Lehren Jherings trug wesentlich die kritische Vermittlung durch Petrażycki bei, etwa die Auseinandersetzung mit dessen Lehren im zweiten Band der Teorija prava i gosudarstva v svjazi s teoriej nravstvennosti (Theorie von Staat und Recht in Verbindung mit der Theorie der Moral), 2. Aufl. (1910).

165 Pokrovskij, Osnovnye problemy, S. 57; vgl. das der Abhandlung vorangestellte Zitat.

166 Vgl. Suchanov/Kofanov, O roli izučenija i prepodavanija rimskogo prava v Rossii, in: IA 1 (1996), S. 9; dies., Vlijanie rimskogo prava na novyj graždanskij kodeks Rossijskoj Federacii, in: IA 1 (4) 1999, S. 8; Letjaev, aaO., S. 202. Vgl. entsprechend Nečaev, Art. Djuvernua, aaO., S. 366, der die wissenschaftliche Rezeption des römischen Rechts (naučnaja recepcija rimskago prava; im Original hervorgehoben) in Rußland als ebenso unvermeidlich wie nützlich bezeichnet.

6. Die neue Hinwendung zu den Grundlagen des Rechts und die Förderung des römischen Rechts durch den Staat

Djuvernua hatte seinen programmatischen Aufsatz mit der Forderung abgeschlossen, der Rechtsunterricht müsse nach dem deutschen Vorbild unter Einbeziehung des römischen Rechts ausgerichtet werden. Diese Ansicht vertrat er nicht allein.[167] Es handelte sich um eine Zeit, in der sich das Interesse der russischen Gelehrten – nicht nur auf dem Gebiet der Rechtswissenschaft – wieder auf die Grundlagen ihrer Fächer konzentrierte. Man bemühte sich um geistige Fundamente, und zwar in erster Linie durch Studien.[168] Nachdem das römische Recht an den Universitäten des Zarenreiches – sieht man von den in Dorpat und Warschau gegebenen besonderen Bedingungen ab – bis in die achtziger Jahre einen eher bescheidenen Rang eingenommen hatte,[169] bekannte sich nun auch die Regierung zu dem Ziel, das wissenschaftliche Niveau des Rechtsstudiums durch die Aufwertung des Unterrichts im römischen Recht anzuheben.[170] Zu diesem Zweck richtete sie neue Lehrstühle ein und vermittelte die Gründung eines speziellen Seminars in Berlin, an dem unter der Leitung von Heinrich Dernburg, Ernst Eck und Alfred Pernice von 1887 bis 1896 insgesamt 17 Spezialisten für römisches Recht herangebildet wurden, die anschließend an den Universitäten des Zarenreichs wirkten.[171] Diese Gelehrten übersetzten deutsche Pandektenlehrbücher und etablierten sie im Universitätsunterricht.[172] Der reiche Erfahrungsschatz der westlichen Romanistik konnte die russische juristische Schule

167 Vgl. den Standpunkt Guljaevs, UI 1894, Nr. 11, S. 15 (oben Fußn. 132).

168 Avenarius, ZEuP 6 (1998), S. 893-908 (908) mit Nachweisen.

169 Rivier, Introduction historique au droit romain, S. 635.

170 In einer Verordnung des Ministeriums über die wissenschaftlichen Anforderungen, die die staatlichen Prüfungskommissionen zu stellen haben, wird ausgeführt: »Nichts kann die Wissenschaft des Russischen Rechts, seiner Geschichte und selbst seines Systems so beleben und fördern, als die Vertrautheit mit dem Verfahren und den Methoden der wissenschaftlichen Bearbeitung des Römischen Rechts, wobei die charakteristischen Eigentümlichkeiten unserer nationalen Anschauung klarer hervortreten werden. Obwohl für die Bildung des juristischen Sinnes das Römische Civilrecht besondere Wichtigkeit hat, muss doch zu den Prüfungsanforderungen auch das Römische Staatsrecht gehören, das aus den realen Kräften des Volkslebens (sic!) sich im Laufe der ganzen Geschichte desselben herausgearbeitet (…) hat (…)«. Abgedruckt als Nachtrag in: Die Reform der Russischen Universitäten nach dem Gesetz vom 23. August 1884, S. 213 ff. (229). Zu dem umfangreichen Anforderungskatalog an den Stoff des Pflichtfaches Römisches Recht vgl. a.a.O. S. 236 f.

171 Dazu Avenarius, ZEuP 6 (1998), S. 893-908; Kaiser, Altphilologen für Rußland, in: Kaiser/Stasiewski, Deutscher Einfluß, S. 69-115 (90-92); Maurer, Hochschullehrer, S. 178-181.

172 Avenarius, ZEuP 6 (1998), S. 903, 906 f.

in der Folgezeit wesentlich befördern.[173] Während in Deutschland die Ablösung des Gemeinen Rechts durch das BGB die Wissenschaft vom römischen Recht in die Defensive zwang, erschienen die ersten, vielversprechenden Arbeiten der jungen russischen Romanisten.[174] Angesichts dieser Entwicklung sah sich Heinrich Erman 1898 sogar zu der Prognose veranlaßt:

> Für einige Generationen wenigstens, wird Deutschland die Führung im römischen Rechtsstudium wohl an andere Länder abgeben müssen, zum guten Theil voraussichtlich an Russland.[175]

Daß es anders kam, wird man dieser hoffnungsvollen Romanistengeneration nicht anlasten können.

173 Vgl. Hammer, ASER 16 (1957), S. 7-13.

174 Die Pandektenwissenschaft entwickelte sich zu einem »Kodifikationsersatz«, eine Rolle, die sie noch nach der Jahrhundertwende erfüllte, als in Deutschland bereits das Bürgerliche Gesetzbuch in Kraft getreten war. Vgl. Giaro, Ius commune 21 (1994), S. 16.

175 Erman, Conceptio formularum, actio in factum und ipso iure-Consumption, in: SavZRG (Rom. Abt.) 19 (1898), S. 260-360 (267).

7. Iosif Pokrovskij

a. Stationen seines Lebens

Aus dem russischen Seminar für römisches Recht in Berlin ging auch Iosif Alekseevič Pokrovskij hervor,[176] der sich zu dem wohl bedeutendsten russischen Zivilrechtler um die Wende zum 20. Jahrhundert entwickeln sollte.[177] Geboren im Jahre 1868, absolvierte er sein Studium von 1886 bis 1890 an der juristischen Fakultät der Kiever Universität, die zwei Jahre vor dem Eintritt Pokrovskijs ihr fünfzigjähriges Jubiläum gefeiert hatte und gerade eine Blütezeit erlebte. Pokrovskij wurde Schüler des Romanisten Leonid Kazancev, der mit einigen Arbeiten über die Stellvertretung im römischen Recht hervorgetreten war.[178] Durch Kazancev wurde Pokrovskij in das römi-

176 Zur Biographie Pokrovskijs vgl. seine kurze Selbstdarstellung im Biografičeskij Slovar' professorov i prepodavatelej imperatorskago Jur'evskago, byvšago Derptskago, universiteta 1802-1902, Bd. 1, S. 618 f. sowie Nečaev, Art. Pokrovskij (Iosif Alekseěvič), in: Brokgauz/Efron (Hrsg.), Enciklopedičeskij Slovar', Bd. 24 (1898), S. 248. Vgl. die Würdigung von Pokrovskijs Leben und Werk bei Makovskij, Vypavšee zveno (Das herausgefallene [Ketten-]Glied), abgedruckt in der 1998 erschienenen Neuausgabe von Pokrovskijs Osnovnye problemy graždanskogo prava, S. 3-32, den Nachruf von Zimeleva, Reč' pamjati Iosifa Alekseeviča Pokrovskogo (Gedenkrede für I. A. P.), abgedruckt a.a.O. S. 322-328), Poljanskij, Iosif Alekseevič Pokrovskij. Ličnost' pokojnogo i ego učenye trudy (I. A. P.. Die Persönlichkeit des Verstorbenen und seine gelehrten Arbeiten), 1922 (abgedruckt a.a.O. S. 329-342) sowie Semenova, I. A. Pokrovskij (K 5-letiju so dnja smerti) (I. A. P. [zur 5. Wiederkehr seines Todestags]), in: VSJ 1925, Nr. 12, S. 473-475. Ein von O. Šilochvost erstelltes Verzeichnis seiner Werke enthält die genannte Neuausgabe der Osnovnye problemy, S. 343-348. Vgl. hilfsweise die jeweils bei Avenarius, ZEuP 6 (1998), S. 901 f. sowie in IA 1 (2) 1997 S. 144 genannte Literaturauswahl.

177 Vgl. Suchanov, Ausgewählte Probleme der Entwicklung des Privatrechts und der Kodifizierung des Zivilrechts im heutigen Russland, in: ZEuP 9 (2001), S. 555-562 (555).
Es war hauptsächlich Pokrovskij gewesen, der Erman zu seiner Prognose über die künftige Bedeutung der russischen Romanistik veranlaßt hatte. Erman, der Pokrovskijs Forschungsergebnisse zu den *actiones in factum* (unten Fußn. 181) im einzelnen ablehnte, trug seine Kritik gerade deswegen besonders ausführlich und teilweise polemisch vor, weil er zur methodischen Korrektur und Festigung der aufstrebenden russischen Romanistik beitragen wollte.

178 Kazancev (1854-1896) hatte von 1873-1877 am Demidovschen Juristischen Lyceum in Jaroslavl' (oben Fußn. 116) studiert, also gerade zu der Zeit, als Djuvernua dort römisches Recht lehrte. Vgl. Biografičeskij slovar' professorov i prepodavatelej imperatorskago universiteta Sv. Vladimira (1834-1884) (Biographisches Wörterbuch der Professoren und Lehrer der kaiserlichen Universität des Heiligen Vladimir), Red.: V. S. Ikonnikov, S. 234 f. Für Kazancevs Schriften vgl. die Bibliographie IA 1 (2) 1997, S. 137 u. 141.

sche Recht und den Umgang mit dessen Quellen eingeführt. Unter seiner Anleitung schrieb Pokrovskij auch seine erste wissenschaftliche Arbeit über den Werkvertrag im römischen und geltenden Recht, für die er mit einer Goldmedaille ausgezeichnet wurde.[179] Pokrovskijs Leistungen fanden Anerkennung, und er erhielt ein Stipendium, um sich auf die Übernahme einer Professur vorzubereiten. Von Januar 1892[180] bis Mai 1894 besuchte er das Berliner Seminar, wo er eine wissenschaftliche Arbeit »Über die *actiones in factum* des Römischen Rechts« anfertigte.[181] So stieg auch Pokrovskij in seine rechtswissenschaftliche Forschung als Romanist ein.[182] Nach seiner Rückkehr wurde er – schon vor der Verteidigung seiner Magisterdissertation – Privatdozent für Römisches Recht an der damaligen Jur'ever Universität (Dorpat/Tartu). Neben dem Vorlesungsprogramm – abwechselnd jeweils über die Geschichte des römischen Rechts und dessen Institutionen – hielt Pokrovskij dort Vorträge über die Rolle, die dem römischen Recht in der Rechtsgeschichte des Menschen insgesamt zukam. Dies war auch das Thema seiner ersten gedruckten Arbeit.[183] Nur zwei Jahre nach seinem Antritt in Dorpat wechselte er bereits ins heimatliche Kiev, wo er 1898 eine Magisterdissertation vorlegte und zum außerordentlichen Professor ernannt wurde. 1902 verteidigte er eine Doktordissertation an der Petersburger Universität und erhielt dort bald einen Lehrstuhl für Geschichte des römischen Rechts. Neben der Lehre an der Universität las Pokrovskij von 1904 bis 1907 am Alexander-Lyceum die »Encyklopädie des Rechts und des römischen Rechts«. Von 1907 bis 1913 unterrichtete er die Dogmen des römischen Rechts sowie die Grundlagen des Bürgerlichen Rechts im Rahmen der Petersburger Höheren Frauen-Kurse (sog. Bestužev-Kurse).[184] Wegen der starken Belastung in der Lehre sind in Pokrovskijs Peters-

179 *Locatio-conductio operis* v rimskom i sovremennom graždanskom prave (Die *locatio conductio operis* im römischen und heutigen Bürgerlichen Recht).

180 Laut Makovskij, Vypavšee zveno, S. 7 soll Pokrovskij schon 1891 am Berliner Seminar studiert haben. Nach den Akten des Berliner Seminars im Archiv der Humboldt-Universität trat Pokrovskij dem Kreis der Hörer allerdings erst im Januar 1892 bei. Vgl. die Acta betreffend das russische Institut, Vol. II. Die gedruckten Studenten-Verzeichnisse der Berliner Universität führen Pokrovskij mit dem Eintrittstermin »Ostern 1892«.

181 Auf dieser Arbeit beruhen Pokrovskijs Aufsatz: Die Actiones in factum des classischen Rechts, in: SavZRG (Rom. Abt.) 16 (1895), S. 7-104 sowie seine Arbeit Pravo i fakt v rimskom prave, Čast' 1. Pravo i fakt, kak material'noe osnovanie iskov (Recht und Tatsache im römischen Recht, Teil 1. Recht und Tatsache als materieller Klagegrund), 1898.

182 Vgl. Poljanskij, Iosif Alekseevič Pokrovskij, a.a.O. (Fußn. 176), S. 329.

183 Pokrovskij, Rol' rimskago prava v pravovoj istorii čelověčestva i v sovremennoj jurisprudencii (Die Rolle des römischen Rechts in der Rechtsgeschichte der Menschheit und in der heutigen Rechtswissenschaft), in: UZJU 1894, Nr. 3, Nichtoffizieller Teil (mit eigener Seitenzählung), S. 1-30.

184 Diese Kurse, die auf die private Initiative des Historikers K. Bestužev-Rjumin hin seit 1878 stattfanden, ermöglichten es Frauen, innerhalb des Zarenreiches zu studieren. Vgl.

burger Zeit nur wenige Schriften erschienen. 1913 wurde Pokrovskij Professor am Moskauer Handels-Institut. Er starb 1920.

b. Das wissenschaftliche Programm Pokrovskijs und dessen Durchführung

aa. Die Kiever Antrittsvorlesung

Pokrovskij hielt seine Antrittsvorlesung als Professor in Kiev über das Thema: »Die wünschenswerte Stellung des Bürgerlichen Rechts in Forschung und Lehre«.[185] In ihr entwarf der junge Hochschullehrer sein wissenschaftliches Programm. Pokrovskij fordert den schöpferischen Juristen, der das Recht aus seinen Grundlagen heraus zu verstehen sucht und selbständig fortentwickelt:

> Der Jurist muß nicht nur Richter und Anwender des Rechts sein, sondern oftmals auch *Schöpfer des Rechts, Gesetzgeber, wenn auch nicht im formellen Sinne.* Auf seiner Schulter liegt andauernd die Verpflichtung, neue Normen für neu entstandene Verhältnisse zu erarbeiten, die alten einschlägigen Vorschriften bei wechselnden Bedingungen des Lebens zu verändern, und manchmal eine ganze bürgerliche Ordnung, ein ganzes bürgerliches Gesetzbuch durchzusehen und zu erneuern.[186]

Der Unterricht an den Rechtsfakultäten erfüllte die Aufgabe der Heranbildung solcher Juristen bislang nur unzureichend. Pokrovskij hält daher eine Neuausrichtung der Rechtswissenschaft für notwendig. Ähnlich wie Djuvernua tritt er für eine Verwissenschaftlichung der Jurisprudenz im Wege der Historisierung ihres Gegenstandes ein. Er fordert, man müsse sich der Erforschung der geschichtlichen Entwicklung des Rechts zuwenden, und zwar nicht nur im Hinblick auf das russische Recht, sondern auf die rechtliche Vergangenheit der Menschheit insgesamt. Um die allgemeinen Entwicklungslinien des Rechts zu verstehen, sei es aber ungenügend, die Geschichte des römischen Rechts, die Geschichte des russischen Bürgerlichen Rechts

Maurer, Hochschullehrer, S. 528 f. Die Lehrveranstaltungen befanden sich auf wissenschaftlichem Niveau und wurden von Universitätsprofessoren abgehalten. Seit 1906 bestand innerhalb der Bestužev-Kurse sogar eine Juristische Fakultät. Ihr Dekan war der Romanist Michail Pergament, ein Absolvent des Berliner Seminars (oben S. 49). Zur Sache Krasinskaja-El'jaševa/Rubašova-Zorochovič, Juridičeskij fakul'tet (Die Juristische Fakultät), in: Sankt-Peterburgskie vyssee ženskie (Bestuževskie) kursy (1878-1918 gg.) (Die Sankt-Petersburger Höheren Frauen- [Bestužev-] Kurse [1878-1918]), 1965, S. 148-155; Chlytčieva, Vospominanija juristki pervogo vypuska (Erinnerungen einer Juristin des ersten Jahrgangs), aaO., S. 249-255.

185 Pokrovskij, Želatel'naja postanovka graždanskago prava v izučenii i prepodavanii, UI 1896, Nr. 12, S. 16-32.

186 Pokrovskij, UI 1896, Nr. 12, S. 20 f. (Hervorhebung im Original).

und schließlich die Privatrechtsgeschichte anderer Völker isoliert voneinander zu betrachten.

> Die Geschichte des Rechts steht nur dann auf der Höhe ihrer Berufung, wenn sie erforscht und gelehrt wird als einheitliche Wissenschaft, als *allgemeine Geschichte des Bürgerlichen Rechts.*[187]

Als zweites plant Pokrovskij die theoretische Durchdringung des geltenden Privatrechts. Dies setzt die theoretische Betrachtung der grundlegenden bestehenden Privatrechtsverhältnisse voraus, und zwar unter verschiedenen Gesichtspunkten. So fordert Pokrovskij

> zum einen die Aufklärung des tatsächlichen, alltäglichen Inhalts dieser Verhältnisse, zum zweiten der Aufgabe, welche diese Verhältnisse für das Recht bereithalten, zum dritten der Prinzipien, durch welche das Recht diese Aufgaben zu erfüllen erstrebt, und zum Schluß eine kritische Beleuchtung dieser Prinzipien [...].[188]

Damit dieses Programm verwirklicht werden kann, bedarf es nach Pokrovskijs Ansicht der Begründung einer neuen Wissenschaft. Pokrovskij entwirft diese als eine allgemeine Theorie des Bürgerlichen Rechts, die sich durch ihre Universalität von den jeweiligen Lehren der einzelnen nationalen Rechte abhebe.[189]

Im Mittelpunkt von Pokrovskijs Konzept steht das römische Recht, das er für die Heranbildung der Juristen im Zivilrecht als unentbehrlich betrachtet.[190] Dabei kommt es ihm nicht in erster Linie auf die einzelnen Institutionen des Privatrechts an. Pokrovskij sieht die Bedeutung des römischen Rechts vielmehr darin, daß es »*für uns die allgemeine Theorie des Bürgerlichen Rechts vertritt*«.[191] Er erklärt weiter:

> Das römische Recht ist noch nicht die höchste Theorie des Bürgerlichen Rechts [...] Das römische Recht ist [...] eines von den einzelnen bürgerlichen Rechten, es bedarf selbst grundlegender theoretischer Beleuchtung; seine Prinzipien müssen ebenso der theoretischen und kritischen Bewertung unterworfen sein wie die Prinzipien anderer Rechte.[192]

187 Pokrovskij, UI 1896, Nr. 12, S. 23 (Hervorhebung im Original).
188 Pokrovskij, UI 1896, Nr. 12, S. 23.
189 Pokrovskij, UI 1896, Nr. 12, S. 23 f.
190 Schon in seiner Abhandlung »Rol' rimskago prava v pravovoj istorii čelověčestva i v sovremennoj jurisprudencii« hatte Pokrovskij das römische Recht als »ausgezeichnete Schule für den Zivilrechtler« bezeichnet; UZJU 1894 (oben Fußn. 183), S. 27. Vgl. für den entsprechenden Standpunkt Guljaevs oben Fußn. 132.
191 Pokrovskij, UI 1896, Nr. 12, S. 28 (Hervorhebung im Original).
192 Pokrovskij, UI 1896, Nr. 12, S. 30.

Die dritte Stufe im System der theoretischen Wissenschaft vom Bürgerlichen Recht bildet in Pokrovskijs Konzept die »Politik des Bürgerlichen Rechts«. Sie richtet sich auf die Schaffung des künftigen Privatrechts. Nach Pokrovskij muß sie

> das Bürgerliche Recht erforschen als Instrument in unseren Händen für die Erreichung unserer Ideale, sie muß wirksame Rechtsnormen erforschen im Hinblick auf die Entwicklung der Erscheinungsformen des gesellschaftlichen Lebens und der gesellschaftlichen Psychologie und [...] uns die Kunst verleihen, vermittels des Bürgerlichen Rechts der Sache der allgemeinen Entwicklung der Menschheit zu dienen.[193]

bb. Die anwendungsorientierte Erforschung der Grundlagen des Privatrechts

Das wissenschaftliche Programm Pokrovskijs nahm, wie wir gesehen haben, seinen Ausgang von der geschichtlichen Entwicklung des Rechts unter Einbeziehung des römischen Rechts, das an ihrem Anfang und in ihrem Mittelpunkt steht. Dabei bildete die Erforschung des römischen Rechts für ihn keinen »Selbstzweck«.[194] Auf Grundlage seines Programms arbeitete Pokrovskij mit dem römischen Recht vielmehr anwendungsbezogen. Pokrovskij war kein reiner Historiker, der sein Interesse auf das Recht als Kulturphänomen der Vergangenheit beschränkt hätte. Es ist insoweit bezeichnend, daß seit dem Erscheinen des zweiten Teils seines Werkes »Pravo i fakt v rimskom prave« (1902)[195] auf dem Gebiet des römischen Rechts anstelle auf spezifisch geschichtswissenschaftliche Forschungen zurückgehender Arbeiten fast ausschließlich didaktische Schriften erschienen. Obwohl Pokrovskij bis zu seinem Lebensende im Bereich der Geschichte des römischen Rechts gearbeitet hat, sind alle seine später gedruckten Werke keine im engeren Sinne historischen Arbeiten. Auch die erst 1913 erschienene Geschichte des römischen Rechts (»Istorija rimskogo prava«), die bis 1918 drei Neuauflagen erlebte, bildet davon keine Ausnahme, weil sie in erster Linie nicht wissenschaftlichen Zwecken, sondern denen des Hochschulunterrichts diente.[196]

Die konsequente Verknüpfung des römischen Rechts mit dem geltenden prägte auch Pokrovskijs Lehrvortrag. Wie Hörer seiner Vorlesungen über die Lehren des

193 Pokrovskij, UI 1896, Nr. 12, S. 25. Pokrovskij steht insoweit unter dem Einfluß der Vorstellungen Petrażyckis von einer »Civilpolitik«, die bestimmten »hohen Idealen« dienen soll. Vgl. dessen Lehre vom Einkommen, Bd. 2, S. 477 f.

194 Semenova, VSJ 1925, Nr. 12, S. 474.

195 Es handelt sich um Pokrovskijs Doktordissertation: Pravo i fakt v rimskom prave, Čast' 2. Genesis pretorskago prava (Recht und Tatsache im römischen Recht, Teil 2. Die Entstehung des prätorischen Rechts) 1902.

196 Vgl. Semenova, VSJ 1925, Nr. 12, S. 474.

römischen Rechts berichten, stellte er nicht lediglich trockene Dogmatik dar. Er entwickelte vielmehr eine »allgemeine Theorie des Bürgerlichen Rechts«, dargelegt »am Gegenstand des römischen Rechts«.[197] Indem Pokrovskij die Institutionen des römischen Privatrechts vortrug, erläuterte er diesen Gegenstand also, um die Hörer über die Grundlagen des Bürgerlichen Rechts allgemein zu unterrichten.[198] So entsprach Pokrovskij den programmatischen Postulaten Djuvernuas: Durch die Verknüpfung des geltenden Rechts mit seinen historischen Grundlagen verlieh er dem Rechtsunterricht wissenschaftliches Niveau. Dies ermöglichte ihm der universelle Charakter des römischen Rechts.

Die applikative Methode wandte Pokrovskij auch mit Rücksicht auf die gesetzgeberische Praxis seiner Epoche an. Sein Studienaufenthalt in Berlin war in eine Zeit gefallen, in der sich die Aufmerksamkeit der deutschen Rechtswissenschaft auf die Arbeiten an der Schaffung des neuen Bürgerlichen Gesetzbuchs richtete. Nachdem dieses 1896 fertiggestellt und veröffentlicht worden war, begann es sogleich, großen Einfluß auf die bürgerliche Gesetzgebung vieler Staaten auszuüben, auch auf diejenige Rußlands.[199] Pokrovskij wurde zu einem maßgeblichen Vermittler dieses Einflusses. Noch 1898 begann er, sich aktiv an der wissenschaftlichen Diskussion des Projekts eines russischen Bürgerlichen Gesetzbuchs (Graždanskoe uloženie) zu beteiligen. Die Arbeiten an einer neuen russischen Zivilrechtskodifikation hatten 1897/98 zu einem ersten Entwurf geführt, dem 1903/04 die zweite, von Motiven begleitete Fassung folgte.[200] Pokrovskij nahm an der öffentlichen Erörterung der Entwürfe teil, indem er Vorträge in der Kiever Juristischen Gesellschaft hielt. In diesen Vorträgen, die er anschließend zu Spezialaufsätzen ausarbeitete, setzte sich Pokrovskij mit einzelnen dogmatischen Fragen sowohl des BGB wie des russischen Kodifikationsprojekts auseinander.[201] Dabei stützte er sich in hohem Maße auf die Erfahrung und die Kenntnisse, die er in Deutschland erworben hatte, und widmete sich dem Vergleich der Schwierigkeiten des russischen Projekts mit den Problemen, die bei der Vorbereitung des deutschen BGB aufgetreten waren. Die mehrjährige, intensive Beteiligung

197 Semenova, VSJ 1925, Nr. 12, S. 474.

198 »Wenn wir das römische Recht wissenschaftlich untersuchen, also die römische Rechtsliteratur, untersuchen wir gleichzeitig die wichtigsten Grundlagen der Theorie des Bürgerlichen Rechts«; Pokrovskij, UZJU 1894 (oben Fußn. 183), S. 26.

199 Semenova, VSJ 1925, Nr. 12, S. 474.

200 Vgl. die Darstellung in deutscher Sprache bei Seeler, Der Entwurf des russischen Zivilgesetzbuches (1911).

201 Vgl. etwa die beiden Abhandlungen über den Besitz: Vladěnie v russkom proektě graždanskago uloženija (Der Besitz im russischen Projekt eines Bürgerlichen Gesetzbuchs), in: ŽMJ 1902, Nr. 10, S. 27-54 sowie Osnovnye voprosy vladěnija v novom germanskom uloženii (Grundlegende Fragen des Besitzes im neuen deutschen Gesetzbuch), VP 1899, S. 92-120.

Pokrovskijs an der Entwicklung des Projekts eines russischen Bürgerlichen Gesetzbuches ließ neben den dogmatischen Einzelfragen die Rechtsschöpfung an sich zu einem seiner Interessenschwerpunkte werden.[202]

cc. Die »Grundprobleme des Bürgerlichen Rechts« (1917)

Dem Programm, das Pokrovskij in seiner Kiever Antrittsvorlesung entworfen hatte, blieb er in seinen späteren wissenschaftlichen Arbeiten treu. Sein Hauptwerk, die »Grundprobleme des Bürgerlichen Rechts« (»Osnovnye problemy graždanskogo prava«), besteht in der Darstellung einer Geschichte und allgemeinen Theorie des Bürgerlichen Rechts. Pokrovskij gibt dieser Wissenschaft ein System und konzipiert ihre grundlegenden Ideen. Er entwickelt seine Vorstellungen von der Zukunft des Bürgerlichen Rechts: Es solle nämlich auf den alten Fundamenten der zivilistischen Prinzipien eine Entwicklung der Menschheit im Einklang mit höheren Ideen ermöglichen. In dieser Hinsicht bilden die »Osnovnye problemy graždanskogo prava« die Summe langjähriger Forschungen ihres Verfassers.[203]

Die »Osnovnye problemy« enthalten eine Geschichte des Bürgerlichen Rechts eigener Art. Pokrovskij stellt die Entwicklung der wichtigsten Institute des Bürgerlichen Rechts dar, um »Perspektivlinien der Entwicklung« des Bürgerlichen Rechts aufzuzeigen.[204] Die Darstellung nimmt ihren Ausgang von einem universalistischen, überpositiven Ansatz, wenn Pokrovskij »höhere Wahrheiten« voraussetzt und auf ein »an den höchsten Punkten rechtlichen Strebens« (»na vysšich punktach pravovych iskanij«) ausgerichtetes Privatrecht hinarbeitet.[205] Es wird ihm dadurch möglich, die theoretischen Probleme des Bürgerlichen Rechts unter durchgehender Berücksichtigung des ausländischen Recht zu erörtern.[206] Dabei dient Pokrovskij die Berücksich-

202 Semenova, VSJ 1925, Nr. 12, S. 474; vgl. oben S. 53.

203 Bereits in seiner Erstlingsschrift »Rol' rimskago prava v pravovoj istorii čelověčestva i v sovremennoj jurisprudencii« hatte Pokrovskij den Standpunkt vertreten, daß das Recht »ein Produkt der allgemeinen [!] menschlichen Natur, individualisiert inmitten eines jeden Volkes unter dem Einfluß seines nationalen Geistes« sei; UZJU 1894 (oben Fußn. 183), S. 20.

204 Pokrovskij, Osnovnye problemy, S. 34.

205 Pokrovskij, Osnovnye problemy, S. 34.

206 Zur Begründung dieser Methode beruft sich Pokrovskij auf Jherings Lehre vom gegenseitigen Austausch unter den Völkern. Vgl. Osnovnye problemy S. 58, wo Pokrovskij Bezug nimmt auf Jherings Äußerung: »Das Leben der Völker ist kein isoliertes Nebeneinanderbestehen, sondern es ist wie das der Individuen im Staat eine Gemeinschaft, ein System der gegenseitigen Berührung und Einwirkung, friedlicher und feindlicher, ein Geben und Nehmen, Entlehnen und Mitteilen, kurz ein Großartiges, alle Seiten des menschlichen Daseins umfassendes Austauschgeschäft«; Geist des römischen Rechts, Bd. 1, 5. Aufl. (1891), S. 5; vgl. bereits oben Fußn. 148.

tigung etwa des österreichischen, französischen oder schweizerischen Rechts nicht nur als Folie, vor der sich die russischen Rechtseinrichtungen abzeichnen. Sie hat bei der Erörterung der Einzelfragen vielmehr selbständige Bedeutung, weil Pokrovskij aus dem ausländischen Recht jeweils spezifische Argumente gewinnt. So kann er sich beispielsweise für seine Forderung nach dem Juristen, der selbst wie ein »Gesetzgeber« rechtsschöpferisch tätig sein müsse,[207] auf den berühmten Art. 1 des schweizerischen ZGB beziehen,[208] nach dem der Richter in Ermangelung von Gesetzes- oder Gewohnheitsrecht »nach der Regel entscheiden (soll), die er als Gesetzgeber aufstellen würde«.[209]

Im Mittelpunkt des Werkes steht ein Kernproblem, mit dem sich Pokrovskij sein ganzes Leben lang beschäftigte: die Stellung des Menschen im Bürgerlichen Recht, im Recht insgesamt und schließlich insbesondere im Verhältnis zum Staat.[210] Daß Pokrovskij die menschliche Person in das Zentrum des Privatrechts stellte, geht auf eine grundlegende Wertordnung zurück: Für ihn zählte zu den elementaren Grundsätzen des Bürgerlichen Rechts, daß dieses »von jeher und in seiner spezifischen Struktur das Recht der einzelnen menschlichen Persönlichkeit, der Sphäre ihrer Freiheit und Selbstbestimmung« sei: »Hier entstand zum ersten Mal die Vorstellung vom Menschen als Rechtssubjekt, d.h. die Vorstellung von der Persönlichkeit als einer juristisch selbständigen und unabhängigen, sogar im Verhältnis zum Staat und seinen Gewalten.«[211]

Es überrascht nicht, daß mit Pokrovskij gerade ein Romanist darauf insistierte, daß der einzelne Mensch als Rechtspersönlichkeit im Zentrum des Privatrechts stehen müsse. Es handelt sich um ein grundlegendes Merkmal der klassischen römischen Rechtswissenschaft. Es liegt der Dreiteilung des Institutionensystems in *personae, res* und *actiones* zugrunde: An erster Stelle steht der Mensch (*persona*), dem anschließend Vermögensgegenstände zugeordnet werden (*res*) und der schließlich

207 Vgl. oben S. 53.

208 Pokrovskij, Osnovnye problemy, S. 96-101.

209 Dabei muß der liberale Pokrovskij, der das Freiheitsprinzip durch streng regelhaftes Recht gewährleisten will, den eigenen Standpunkt freilich in kritischer Auseinandersetzung mit seinen Zeitgenossen Ernst Fuchs, Eugen Ehrlich und anderen Vertretern der Freirechtsschule entwickeln (Osnovnye problemy, S. 98 ff.).

210 Pokrovskij, Osnovnye problemy, S. 309.

211 Pokrovskij, Osnovnye problemy, S. 309; vgl. Makovskij, Vypavšee zveno, S. 18 f. Dieser zentrale Gesichtspunkt der Lehre Pokrovskijs besitzt nach wie vor uneingeschränkte Aktualität. Dadurch wiederum wird die Pokrovskij-Rezeption in der jüngsten russischen Zivilrechtsliteratur begünstigt. Vgl. Suchanov, Ausgewählte Probleme der Entwicklung des Privatrechts und der Kodifizierung des Zivilrechts im heutigen Russland, in: ZEuP 9 (2001), S. 555-562 (555).

Rechtsschutz genießt (*actiones*).[212] Dieses Grundschema wurde besonders im juristischen Elementarschrifttum der römischen Antike mit großem Erfolg rezipiert.[213]

Besonders richtet sich die Aufmerksamkeit Pokrovskijs auf die Sphäre des Rechts der einzelnen Person. Er tritt für den Schutz dieser Sphäre ein, indem er sowohl eine Ausdehnung des Anwendungsbereichs des Bürgerlichen Rechts als auch dessen qualitativen Ausbau fordert:

> Mit der Stärkung der menschlichen Persönlichkeit, mit der Entwicklung des individuellen Selbstbewußtseins wächst die Sphäre der subjektiven Rechte; aber zusammen mit ihr verschieben sich die Grenzen des Bürgerlichen Rechts, und es nimmt mehr und mehr einen individualistischen Charakter an: Die Interessen der Persönlichkeit stehen im Zentrum seiner Aufmerksamkeit.[214]

Indem Pokrovskij die Gewährleistung der Freiheit des Einzelnen durch das Privatrecht postuliert, tritt er gleichzeitig für dessen Emanzipation vom öffentlichen Recht ein.[215] Nach seiner Vorstellung geht die Entwicklung des Privatrechts allgemein wesentlich einher mit der Entwicklung des Verhältnisses zwischen dem Individuum, dessen Persönlichkeitsrechte im Wege des Rechtsschutzes gewährleistet werden müßten, und dem Staat, dessen Einfluß entsprechend zu begrenzen sei.[216] Pokrovskij vertritt den Standpunkt, »daß eine der Grundlinien der Entwicklung des Bürgerlichen Rechts bei den neuen Völkern die *individualistische* war [...]. In diese Richtung wirkten sowohl das römische Recht wie auch die Naturrechtslehren«.[217] Seine

212 An den Anfang des Systems und damit in seinen Mittelpunkt stellt die Dreiteilung den Menschen, der als Person durch seine Rechtsfähigkeit definiert ist. Vgl. näher Behrends, Grundlagen, in: Bydlinski/Mayer-Maly, Die ethischen Grundlagen des Privatrechts, S. 1-33 (16 ff.); ders., Die Person oder die Sache, in: Labeo 44 (1998), S. 26-60 (46). Die Vorstellung, daß das Recht um der Menschen willen existiert (vgl. Hermogenian 1 *iuris epitomarum* D. 1,5,2: *hominum causa omne ius constitutum*), kommt auch in der Systematik des prätorischen Edikts zum Ausdruck, dessen Aufbau daran ausgerichtet ist.

213 Die Dreiteilung liegt nicht nur den Gaius-Institionen sowie dem (insoweit unvollständig erhaltenen) pseudo-ulpianischen *liber singularis regularum* zugrunde, sondern, abhängig von dieser Tradition, auch den Institutionen Justinians. Zur Sache vgl. Wieacker, Griechische Wurzeln des Institutionensystems, in: SavZRG (Rom. Abt.) 70 (1953), S. 93-126; Kupisch, Institutionensystem und Pandektensystem, Irish Jurist 25-27 (1990-1992), S. 293-301.

214 Pokrovskij, Osnovnye problemy, S. 309.

215 Vgl. oben Fußn. 211.

216 Pokrovskij, Osnovnye problemy, S. 77 ff. und 120 ff.

217 Pokrovskij, Osnovnye problemy, S. 79 (Hervorhebung im Original). Schon in seiner Dorpater Erstlingsschrift hatte Pokrovskij den individualistischen Charakter des römischen Rechts hervorgehoben; UZJU 1894 (oben Fußn. 183), S. 4. Pokrovskij hatte sich

Hauptideen, der Wert der individuellen Freiheit und deren Gewährleistung durch das Recht, ließen ihn als Gegner derjenigen Gelehrten auftreten, die, wie etwa der französische Staatstheoretiker Léon Duguit, den Gedanken des subjektiven Rechts ablehnten.[218]

Gleichzeitig mit der Entwicklung zu einer immer vollkommener gewährleisteten Freiheit des Einzelnen konnte sich Pokrovskij allerdings auch eine allmähliche Hinwendung zu einer an solidarischen Gesichtspunkten orientierten *ökonomischen* Ordnung der Gesellschaft vorstellen: »›Individualisierung‹ dort, ›Vergesellschaftung‹ hier.«[219] Es kann nicht überraschen, daß Semenovas (grundsätzlich ausgewogene) Darstellung von Pokrovskijs Werk, die im Kontext der frühen Sowjetunion entstand und ihre ideologische Tendenz natürlich nicht leugnet, diese Äußerung aufgreift.[220]

Pokrovskij schrieb über sein Buch »Osnovnye problemy«, es richte sich nicht an die spezialisierten Juristen, sondern an ein weiteres, nicht fachlich gebildetes Publikum, und habe zum Ziel, eine allgemeine Darlegung der grundlegenden Probleme des Bürgerlichen Rechts zu geben.[221] So war sein bedeutendstes Werk für eine breitere Leserschaft konzipiert, ähnlich wie es bei Jhering der Fall ist, dessen bekannteste Schrift, der »Kampf um's Recht« (1872), seine überaus weite Verbreitung in einer Fassung erlebte, die an ein nicht-wissenschaftliches Publikum gerichtet war.[222] Die »Osnovnye problemy« sind sogar auf eine Stufe mit den ersten unter den großen rechtswissenschaftlichen Arbeiten auf der Welt gestellt worden, gleichrangig etwa mit Jherings Geist des römischen Rechts (1852) und Kelsens Reiner Rechtslehre (1934).[223]

Im Unterschied zu diesen auf der ganzen Welt bekannten und in andere Sprachen übersetzten Werken wurden die »Osnovnye problemy« allerdings sogar in Rußland

dort u.a. mit Heinrich Heine auseinandergesetzt, der gerade diese Eigenschaft des römischen Rechts (polemisch überzeichnend) mit der Bemerkung angegriffen hatte, das Corpus iuris sei eine »Bibel des Egoismus«, und bestimmte Rechtsinstitute dienten nur der Sicherung ungerechtfertigter Interessen Einzelner (»jenen Dieben verdanken wir die Theorie des Eigenthums«); vgl. die Memoiren, in: Heine, Historisch-kritische Gesamtausgabe, Bd. 15, S. 59-100 (64). Für Pokrovskij liegt dieser Vorstellung »ein naiver Irrtum«, »eine Kurzsichtigkeit« zugrunde (aaO., S. 29 f.).

218 Vgl. Pokrovskij, Osnovnye problemy, S. 108 ff., wo sich der Verfasser mit Duguits Werken Le droit social, le droit individuel et la transformation de l'etat (1908) und Les transformations générales du droit privé depuis le Code Napoléon (1912) auseinandersetzt.

219 Pokrovskij, Osnovnye problemy, S. 86.

220 Semenova, VSJ 1925, Nr. 12, S. 474.

221 Pokrovskij, Osnovnye problemy, S. 34.

222 Vgl. die Vorrede von Ermacora in dessen Neuausgabe von Jhering, Der Kampf um's Recht, S. 56.

223 Makovskij, Vypavšee zveno, S. 3.

für lange Zeit nur einem kleinen Kreis von Zivilrechtlern bekannt. Die Gründe dafür, daß Pokrovskijs Hauptwerk vergleichsweise wenig Beachtung gefunden hat, liegen angesichts seines Erscheinungsdatums auf der Hand: Nachdem einige Teile schon 1915 und 1916 gedruckt, aber nur einigen wenigen Spezialisten zugänglich geworden waren,[224] erschien die selbständige Ausgabe Ende 1917, möglicherweise gerade im Oktober.[225]

Pokrovskij teilte das Schicksal vieler Angehöriger seiner Generation, die als Liberale zunächst in Opposition zu der reaktionären Regierung des Zarenreiches standen, bevor sie später als Repräsentanten des bürgerlichen Systems in Konflikt mit den Protagonisten der Revolution gerieten. Schon am Anfang des Jahrhunderts hatte Pokrovskij politisch hervorzutreten begonnen. Er war Mitglied der Konstitutionellen Demokraten (»Kadetten-Partei«) und hatte sich bereits 1905 auf seiten der liberalen Kräfte exponiert. Als er in der Universitätskrise von 1911/12 als Liberaler auftrat,[226] wurde er wie viele seiner Kollegen durch die wiedererstarkende Reaktion abgestraft: Unter der Verantwortung des Ministers für Volksaufklärung L. A. Kasso nötigte man ihn 1912, seinen Abschied von der Petersburger Universität zu nehmen.[227] Die anschließende Zeit Pokrovskijs am Moskauer Handels-Institut war eine in wissenschaftlicher Hinsicht produktive, aber zugleich die schwerste Phase seines Lebens. In diesen Jahren entstanden nicht nur die »Osnovnye Problemy«, sondern auch eine Reihe politischer Schriften, in denen er – letztlich vergeblich – zur Mäßigung in der gesellschaftlichen Auseinandersetzung aufrief.

Mit der Machtübernahme der Bolschewisten im Oktober 1917 wurden die Gedanken, für die Pokrovskij eintrat, mitsamt der ihnen zugrundeliegenden Wissenschaft verdrängt. Das neue Regime begann alsbald, den Anwendungsbereich des Zivilrechts einzuschränken und insbesondere die wirtschaftlichen Beziehungen durch öffentlichrechtliche Planvorgaben zu gestalten.[228] Die Tradition der bürger-

224 Eingearbeitet z.B. in F. V. Taranovskij, Enciklopedija prava (Enzyklopädie des Rechts), passim.

225 Makovskij, Vypavšee zveno, S. 3.

226 Nicht wenige Zivilrechtler romanistischer Ausrichtung waren politisch engagiert. Als Liberale traten im Universitätskonflikt etwa Aleksej Guljaev (vgl. oben Fußn. 3), Michail Pergament sowie David Grimm hervor. Vgl. dazu Maurer, Hochschullehrer, S. 795 ff. Sergej Muromcev (oben Fußn. 164) war Haupt der russischen Verfassungsbewegung, führendes Mitglied der Kadetten-Partei und 1906 sogar Vorsitzender der ersten Staatlichen Duma gewesen. Vgl. Meduschewskij, Konstitutionelle Projekte, in: Beyrau/Čičurov/Stolleis, Reformen im Rußland, S. 237-259 (246 ff.).

227 Vgl. Maurer, Hochschullehrer, S. 800 f.

228 Vgl. Lenins Ruf nach einer öffentlichrechtlich gestalteten Wirtschaftsordnung (Brief vom 20.2.1922, oben Fußn. 7, a.a.O. S. 410): »Wir erkennen nichts ›privates‹ an; für uns ist *alles* im Bereich der Wirtschaft (chozjaistva) *öffentlich-rechtlich* und nicht privat. Wir lassen *nur* einen staatlichen Kapitalismus zu.« Lenin forderte daher, »die Anwendung der

lichen Rechtswissenschaft brach ab, und zusammen mit seiner Juristengeneration verstummte bald auch Pokrovskij.[229] Makovskij hat dies in seiner Würdigung Pokrovskijs mit dem Bild des abgerissenen (»herausgefallenen«) Kettenglieds (vypavšee zveno) treffend zum Ausdruck gebracht.[230]

staatlichen Einmischung in ›privatrechtliche‹ Verhältnisse auszudehnen; das Staatsrecht auszudehnen um ›private‹ Verträge abzuändern« (Es folgt unmittelbar das Zitat oben Fußn. 7).

229 Vgl. dazu die im slovenischen Exil erschienene Schrift Stolětie Kievskago Universiteta Sv. Vladimira (Hundert Jahre Kiever Universität des Heiligen Vladimir), S. 29.

230 Vgl. oben Fußn. 176. Obgleich Pokrovskij im sowjetischen Schrifttum als Vertreter der bourgeoisen Juristen galt (vgl. Pereterskij, Vseobščaja istorija gosudarstva i prava, Čast' 1: Drevnij mir, Vypusk 2: Drevnij Rim [Allgemeine Geschichte des Staats und des Rechts, Teil 1: Die alte Welt, Abt. 2: Das alte Rom], S. 9; Novickij, Osnovy rimskogo graždanskogo prava [Grundlagen des römischen Privatrechts], S. 9), wurde sein Werk immerhin nicht von Staats wegen unterdrückt. An seine Lehren ist unter den neuen, völlig veränderten Bedingungen der sowjetischen Rechtswissenschaft wieder teilweise angeknüpft worden. Zu nennen ist hier insbesondere Pokrovskijs Schülerin Ekaterina A. Flejšic, Mitverfasserin des von Novickij und Pereterskij herausgegebenen Lehrbuchs Rimskoe častnoe pravo (vgl. Avenarius, Römisches Recht in slavischen Sprachen III, in: SavZRG [Rom. Abt.] 116 [1999], S. 643 f.). Über die Rezeption Pokrovskijs in der Sowjetunion vgl. Makovskij, Vypavšee zveno, S. 27 ff.

8. Nachwirkungen der Rezeption bis in die Gegenwart

Wieacker hat das römische Recht einmal dahingehend beschrieben, daß es nicht so sehr in einer kontinuierlich fortgeltenden Rechtsordnung bestehe, sondern vielmehr in der »Wirkungsgeschichte« einer geistigen Tradition.[231] An diese geistige Tradition knüpften russische Juristen im 19. und am Beginn des 20. Jahrhunderts an. Als Beispiele dafür, wie zunächst einzelne Gelehrte auf diesem Wege um eine wissenschaftliche Durchdringung des geltenden Rechts rangen, stehen Dmitrij Mejer und Nikolaj Djuvernua. Sie betrieben die Rezeption des römischen Rechts in das russische Privatrecht. Diese wurde dann seit den achtziger Jahren von einer ganzen Generation russischer Zivilrechtler romanistischer Ausrichtung weitergeführt, zu deren bedeutendsten Vertretern Iosif Pokrovskij zu rechnen ist.

Das große Interesse der russischen Zivilrechtslehre des ausgehenden 19. und beginnenden 20. Jahrhunderts am römischen Recht beschränkte sich nicht auf den wissenschaftlichen Bereich, sondern führte auch zu praktischen Resultaten.[232] Viele russische Romanisten wirkten um die Jahrhundertwende daran mit, einen Entwurf zu einer neuen Kodifikation zu erarbeiten.[233] Nachdem 1903/04 die zweite Fassung des Entwurfs veröffentlicht worden war, bewirkten die revolutionären Ereignisse von 1905, daß das Kodifikationsprojekt in den Hintergrund trat.[234] Der Entwurf erlangte daher nicht Gesetzeskraft. Allerdings konnte das erste Zivilgesetzbuch der Russischen Sowjetrepublik (RSFSR) von den Vorarbeiten noch erheblich profitieren.[235] Der Rückgriff auf die Erträge des vorrevolutionären Kodifikationsprojekts

231 Wieacker, Festschrift J. Klein, S. 199.

232 Zu unrecht meint Losano, Grandi sistemi, S. 138, der Abstand zwischen dem Pandektenrecht und dem geltenden russischen Recht sei zu groß gewesen, so daß es den Absolventen des Berliner Seminars nicht gelungen sei, einen Anknüpfungspunkt (punto d'aggancio) zu finden.

233 So nahm z.B. Petrażycki unmittelbar an den Kodifikationsarbeiten teil; vgl. Ajani, in: Studi Gorla, Bd. 2, S. 972 f., Fußn. 22. Zu den Kodifikationsarbeiten um die Jahrhundertwende vgl. Reich, in: Coing, Handbuch der Quellen III/2, S. 2295; Neubecker, Entwurf, in: ZVglRwiss 24 (1910), S. 200-203.

234 Reich, Sozialismus und Zivilrecht, S. 77 f. Vgl. Das römische Recht in Rußland (anonymer Verfasser), S. 77; Schultz, Russ. Rechtsgeschichte, S. 222 f.; Schlosser, Privatrechtsgeschichte, S. 233.

235 Rebro, Index 12 (1983/84), S. 57. In dieser Hinsicht wirkte sich aus, daß die an der Zivilrechtskodifikation von 1922 mitwirkenden Juristen ihr Fach noch an den Universitäten des Zarenreiches gelernt hatten und das ihnen vertraute Rechtsdenken nicht ohne weiteres ablegten. Vgl. Quigley, Romanist Character, in: Feldbrugge, Emancipation of Soviet Law, S. 27-49 (37): »Their predilection was to stay with familiar law«. Diese - im sowjetischen Schrifttum freilich regelmäßig geleugnete - Kontinuität (vgl. Rebro aaO., S. 44) bildet die Grundlage dafür, daß der ungarische Romanist Földi zu Recht auf die über

ermöglichte es, daß das ZGB bereits nach relativ kurzer Vorbereitungszeit im Jahre 1922 in Kraft trat. Im Unterschied zu diesem in der Periode der sog. »Neuen Ökonomischen Politik« relativ eilig fertiggestellten Gesetz beruhte das ZGB von 1964 auf langer, sorgfältiger Vorarbeit sowjetischer Juristen. Dennoch haben Zweigert und Kötz zu recht festgestellt, daß auch in diesem Gesetzbuch »ein mit den römischen Kategorien vertrauter Jurist sich in den ›Allgemeinen Bestimmungen‹ [...] sofort zu Hause fühlt«.[236]

Schließlich knüpft auch das neue, seit 1994 abschnittsweise in Kraft tretende Zivilgesetzbuch der Russischen Föderation an die romanistische Tradition an.[237] Dies zeigt sich besonders eindrücklich im Vertragsrecht. Der Begriff des Vertrags (dogovor) in Art. 420 Abs. 1 ist an die römische Privatrechtstradition angelehnt: »Ein Vertrag ist eine Übereinkunft zweier oder mehrerer Personen über die Begründung, Abänderung oder Auflösung zivilrechtlicher Rechte und Pflichten.« Es überrascht, wenn sich die Kommentierung bei Gapeev, Zinčenko und Luk'jancev auf die Bemerkung beschränkt, die Vorschrift bedürfe keiner Erläuterung.[238] Vor dem Hintergrund des früheren sozialistischen Vertragsrechts liegt die entscheidende Neuerung darin, daß es nur auf den frei gebildeten Willen der Parteien ankommt, und diese nicht an planwirtschaftliche Vorgaben gebunden sind.[239]

Der Kaufvertrag (dogovor kupli-prodaži) ist in Art. 454 Abs. 1 ZGB definiert. Durch ihn verpflichtet sich

den Code Napoléon und die deutsche Pandektistik vermittelte Bedeutung des römischen Rechts für die Dogmatik des sowjetischen Zivilrechts hingewiesen hat. Für Földi bildet das römische Recht sogar eine »Erkenntnisquelle« (gnoseologičeskij istočnik/fonte gnoseologica) des sowjetischen Privatrechts. Vgl. Földi, in: Bibliographia (oben Fußn. 8), S. XVII u. XXV und dazu Skripilev, SGiP 1991, Heft 1, S. 151. Zur Sache allgemein Reich, in: Coing, Handbuch der Quellen III/2, S. 2281, 2297; vgl. Osakwe, Russian Civil Code, S. 45; Sadikov, Das neue Zivilgesetzbuch Rußlands, in: ZEuP 4 (1996), S. 259-272 (259); Roggemann, Grundzüge und Entwicklung, in: Roggemann/Bergmann, Zivilgesetzbuch, S. 13-38 (36 f.); Gsovski, Soviet Civil Law, Bd. 1, S. 432; Zweigert/Kötz, Rechtsvergleichung, Bd. 1, S. 351.

236 Zweigert/Kötz, Rechtsvergleichung, Bd. 1, S. 355.

237 In diesem Sinne mit Rücksicht auf das Recht der Eigentumsübertragung zutreffend Pérez Simeón, in: ADC 53 (2000), S. 981-1000 (983 f. Fußn. 9).

238 Gapeev/Zinčenko/Luk'jancev, Novyj Graždanskij Kodeks Rossijskoj Federacii (Das neue Bürgerliche Gesetzbuch der Russischen Föderation), 1. Teil (1996).

239 So zutreffend Makovsky/Khokhlov, Introduction, in: Maggs/Zhiltsov, Civil Code, S. xciv; Sadikov, ZEuP 4 (1996), S. 268. Barbier, FAZ 2.1.1993, S. 9 stellt richtigerweise fest, daß es die Tradition des römischen Rechts gewesen sei, aus der sich die Grundlagen der Marktwirtschaft entwickeln konnten.

eine Seite (der Verkäufer), eine Sache (die Ware) in das Eigentum der anderen Seite (dem Käufer) zu übertragen, der Käufer aber verpflichtet sich, diese Ware anzunehmen und für sie eine bestimmte Geldsumme (den Preis) zu bezahlen.[240]

Angesichts des Kontrastes zum traditionellen russischen Verständnis vom Kauf trifft es zu, wenn Osakwe feststellt, daß gerade das moderne russische Vertragsrecht tief im römischen Recht verwurzelt sei: »Modern Russian theory of contract is deeply rooted in Roman law which it received through continental European civil law by way of pre-revolutionary Russian law.«[241] In einer der jüngsten Darstellungen des Bürgerlichen Rechts wird der Begriff des Vertrags denn auch wie selbstverständlich unter Heranziehung der römischen Terminologie erläutert.[242] Zu recht meint Solotych, das russische Recht – sie bezieht sich auf das Privatrecht – sei und bleibe kontinentaleuropäisch.[243]

Aus den oft beschworenen »gemeinsamen Wurzeln des europäischen Privatrechts« treibt also auch eine russische Pflanze. Es handelt sich nicht etwa um einen hybriden Sproß, der erst bei der Schaffung des neuen Zivilgesetzbuchs künstlich geschaffen worden wäre, das unter maßgeblicher Mitwirkung von Experten des westlichen Auslands entstand.[244] Die verbindende Tradition ist vielmehr älter und reicht zu den russischen Zivilrechtlern romanistischer Ausrichtung des 19. Jahrhunderts zurück, deren Arbeiten über den Untergang des Zarenreiches im Jahre 1917 hinaus wirkten. Noch heute beruft man sich auf ihre Schriften, wenn Grundlagen der Rechtswissenschaft in Rede stehen. Nicht zufällig werden einige ihrer Werke gegenwärtig nachgedruckt: neben Pokrovskijs »Grundproblemen des Bürgerlichen Rechts« betrifft dies auch Mejers »Russisches Bürgerliches Recht«. Diese Juristen gelten heute als die Klassiker der russischen Zivilrechtswissenschaft.[245]

240 Vgl. die Erläuterungen zum 30. Kapitel (»kuplja-prodaža«) bei Sadikov (Hrsg.), Kommentarij k Graždanskomu Kodeksu Rossijskoj Federacii (Kommentar zum Bürgerlichen Gesetzbuch der Russischen Föderation), 2. Teil (1996).

241 Osakwe, Russian Civil Code, S. 45.

242 Vgl. Suchanov, in: Suchanov (Hrsg.) Graždanskoe pravo, Bd. 2, Halbbd. 1, S. 151; für den Kaufvertrag vgl. die Ausführungen von Vitrjanskij in demselben Werk S. 203 f.

243 Solotych, Das neue russische ZGB aus rechtsvergleichender Sicht, aaO. (Fußn. 91), S. 38. Zur Sache vgl. ferner Suchanov/Kofanov, IA 1 (4) (1999), S. 7-20.

244 Bergmann/Glöckner, Der Zweite Teil des ZGB - ein neues Zivilrecht für Rußland, in: WiRO 1995, S. 445-448 (445); vgl. die Berichte über die Tätigkeit der Deutschen Stiftung für internationale rechtliche Zusammenarbeit in WiRO 1994, S. 104 und S. 367 f.

245 So Wagner, Marriage, S. 79 im Hinblick auf Mejer. Vgl. die im Moskauer Verlag »Statut« gegenwärtig erscheinende Reihe von Nachdrucken unter dem Serientitel »Klassika Rossijskoj Civilistiki« (»Klassik der rußländischen Zivilistik«).

Anhang

Abkürzungsverzeichnis

ADC	Anuario de Derecho Civil
ASER	The American Slavic and East European Review
BCO	Bibliotheca Classica Orientalis
BIDR	Bullettino dell'Istituto di Diritto Romano »Vittorio Scialoja«
FAZ	Frankfurter Allgemeine Zeitung
FOG	Forschungen zur Osteuropäischen Geschichte
HRG	Handwörterbuch zur Deutschen Rechtsgeschichte
HWP	Historisches Wörterbuch der Philosophie
IA	Ius antiquum – Drevnee pravo
IV	Istoričeskij Věstnik
JBl	Juristische Blätter
JherJb	(Jherings) Jahrbücher für die Dogmatik des heutigen römischen und deutschen Privatrechts
JZ	Juristenzeitung
RV	Russkij Věstnik
SavZRG (Germ. Abt.)	Zeitschrift der Savigny-Stiftung für Rechtsgeschichte (Germanistische Abteilung)
SavZRG (Rom. Abt.)	Zeitschrift der Savigny-Stiftung für Rechtsgeschichte (Romanistische Abteilung)
SGiP	Sovetskoe Gosudarstvo i Pravo
SJIL	Stanford Journal of International Law
UI	Universitetskija Izvěstija / Universitet Sv. Vladimira (Kiev)
UZJU	Učenyja Zapiski Jur'evskago Universiteta / Acta et commentationes Imp. Universitatis Jurievensis (olim Dorpatensis)
VDJL	Vremennik Demidovskago Juridičeskago Liceja
VP	Věstnik Prava
VSJ	Věstnik Sovetskoj Justicii
WiRO	Wirtschaft und Recht in Osteuropa
ZEuP	Zeitschrift für Europäisches Privatrecht
ZOG	Zeitschrift für Osteuropäische Geschichte
ZVglRwiss	Zeitschrift für Vergleichende Rechtswissenschaft
ŽMJ	Žurnal Ministerstva Justicii
ŽMNP	Žurnal Ministerstva Narodnago Prosvěščenija

Verzeichnis ungedruckter Materialien

Acta betreffend das russische Institut, Vol. II (Universitätsarchiv der Humboldt-Universität zu Berlin, Juristische Fakultät Nr. 61).

Hörerlisten betreffend R. v. Jherings Pandekten-Praktikum (UB Göttingen, Cod. Ms. R. v. Jhering, Kasten 7:3).

Vangerow, Karl A. von: Pandecten Erste Hälfte (Allgemeine Lehren, Familien- und dingliche Rechte) von K. v. Vangerow Winter-Semester 1867/68 (16/10 67 - 20/3 68) K(arl) Becker (UB Heidelberg, Sig.: Hdb. Hs. 1398).

Vangerow, Karl A. von: Institutionen des römischen Rechts. Vorgetragen von Geh. Hofrath v. Vangerow. Im Sommer-Semester 1847. Ludwig Benz Stud. cam. (UB Heidelberg, Sig.: Hdb. Hs. 1410).

Matrikel der Universität Wien Sommersemester 1870 und Wintersemester 1870/71 (Universitätsarchiv Wien, Mikrofilm-Nr. 991).

Literaturverzeichnis

Ajani, Gianmaria: Alcuni esempi di circolazione di modelli romano-germanici nella Russia imperiale, in: ›Scintillae iuris‹. Studi in memoria di Gino Gorla, Bd. 2, Milano 1994, S. 963-977.

Annenkov, K.: Sistema russkago graždanskago prava (System des russischen Bürgerlichen Rechts), Bd. 2 (prava veščnyja [Sachenrecht]), 2. Auflage, S.-Peterburg 1900.

Avenarius, Martin: Savignys Lehre vom intertemporalen Privatrecht, Göttingen 1993.

– Ut liceat vobis prima legum cunabula discere (Rezension von Bojarski / Dajczak / Sokala, Verba Iuris), in: Index 24 (1996), 407-409.

– Römisches Recht in slavischen Sprachen, in: SavZRG (Rom. Abt.) 114 (1997), S. 635-644.

– Das russische Seminar für römisches Recht in Berlin (1887-1896), in: ZEuP 6 (1998), S. 893-908.

– Römisches Recht in slavischen Sprachen III, in: SavZRG (Rom. Abt.) 116 (1999), S. 638-646.

Azarkin, N. M.: Istorija juridičeskoj mysli Rossii (Geschichte des juristischen Denkens Rußlands), Moskva 1999.

Baberowski, Jörg: Autokratie und Justiz, Frankfurt am Main 1996.

Baco: Francisci Baconis de Verulamio De Dignitate et Augmentis scientiarum libri IX, Argentorati 1654.

Baranowski, Günter: Über den Nutzen einer Lehrdisziplin »Allgemeine Rechtsgeschichte«: Rückblick und Ausblick, in: Jörn Eckert (Hrsg.), Der praktische Nutzen der Rechtsgeschichte (Festschrift für Hans Hattenhauer), Heidelberg 2003, S. 1-21.

Barbier, Hans D.: Römisches Recht auf dem Roten Platz, in: FAZ, 2.1.1993, S. 9.
Becker, H.-J.: Art. Kommentier- und Auslegungsverbot, in: HRG Bd. 2, Berlin 1978, Sp. 963-974.
Behrends, Okko: Geschichte, Politik und Jurisprudenz in F. C. v. Savignys System des heutigen römischen Rechts, in: Okko Behrends / Malte Dießelhorst / Wulf Eckart Voß (Hrsg.), Römisches Recht in der europäischen Tradition, Ebelsbach 1985, S. 257-321.
– Rudolph von Jhering (1818-1892). Der Durchbruch zum Zweck des Rechts, in: Fritz Loos (Hrsg.), Rechtswissenschaft in Göttingen, Göttingen 1987, S. 229-269.
– (Hrsg.): Rudolf von Jhering. Beiträge und Zeugnisse, 2. Auflage, Göttingen 1993.
– Die rechtsethischen Grundlagen des Privatrechts, in: Franz Bydlinski / Theo Mayer-Maly (Hrsg.), Die ethischen Grundlagen des Privatrechts, Berlin 1994, S. 1-33.
– Die Person oder die Sache – was stand im Mittelpunkt des klassischen römischen Privatrechts? Die Kontinuitätsfrage im Streit zwischen junger »Neopandektistik« und nicht mehr ganz junger »Neoromantik«, in: Labeo 44 (1998), S. 26-60.
– »Iusta causa traditionis«. La trasmissione della proprietà secondo il »ius gentium« del diritto classico, in: Luigi Labruna, Tradere ed altri studii, Napoli 1998, S. 27-78.
– Jherings Evolutionstheorie des Rechts zwischen Historischer Rechtsschule und Moderne, in: Rudolf von Jhering, Ist die Jurisprudenz eine Wissenschaft? Hrsg. von Okko Behrends, Göttingen 1998, S. 93-202.
Bergmann, Wilfried: Der kurze, aber schwierige Weg zum neuen Zivilgesetzbuch für die Russische Föderation, in: Herwig Roggemann / Wilfried Bergmann (Hrsg.), Zivilgesetzbuch der Russischen Föderation (Erster Teil) von 1994, Berlin 1997, S. 39-50.
Bergmann, Wilfried / Martin Glöckner: Der Zweite Teil des ZGB – ein neues Zivilrecht für Rußland, in: WiRO 1995, S. 445-448.
Beyrau, Dietrich: Rußland und Europa, in: Dietrich Beyrau / Igor' Čičurov / Michael Stolleis, (Hrsg.), Reformen im Rußland des 19. und 20. Jahrhunderts, Frankfurt am Main 1996, S. 1-23.
Bibliographia selecta operum sovieticorum ad ius Romanum pertinentium (1917-1987), adiuvante Jenö Czuczai redacta ab András Földi, Budapest 1988.
Biografičeskij slovar' professorov i prepodavatelej imperatorskago universiteta Sv. Vladimira (1834-1884) (Biographisches Wörterbuch der Professoren und Lehrer der kaiserlichen Universität des Heiligen Vladimir), Red.: Vladimir S. Ikonnikov, Kiev 1884.
Biografičeskij Slovar' professorov i prepodavatelej imperatorskago S.-Peterburgskago universiteta 1869-1894 (Biographisches Wörterbuch der Professoren und Lehrer der kaiserlichen St. Petersburger Universität 1869-1894), Bd. 1, S.-Peterburg 1896.
Biografičeskij Slovar' professorov i prepodavatelej imperatorskago Jur'evskago, byvšago Derptskago, universiteta 1802-1902 (Biographisches Wörterbuch der Professoren und Lehrer der kaiserlichen Jur'evschen, früher Derpter Universität 1802-1902), Bd. 1, Red.: Grigorij V. Levizkij, Jur'ev 1902.

Biografičeskij Slovar' professorov i prepodavatelej imperatorskago Kazanskago universiteta 1804-1904 (Biographisches Wörterbuch der Professoren und Lehrer der kaiserlichen Kazaner Universität 1804-1904), hrsg. von Nikolaj P. Zagoskin, Teil 2, Kazan' 1904.

Biografičeskij Slovar' professorov i prepodavatelej imperatorskago Moskovskago universiteta (Biographisches Wörterbuch der Professoren und Lehrer der kaiserlichen Moskauer Universität), Teil 1, Moskva 1855.

Birjukov, P(avel) I.: L. N. Tolstoj. Biografija (L. N. Tolstoj. Biographie), Bd. 1, Berlin 1921.

Boguslawskij, Mark M.: Die Internationalisierung des Privatrechts in Rußland und in anderen Ländern der GUS, in: WiRO 1998, S. 169-172.

Borovikovskij, A. (Hrsg.): Ustav graždanskago sudoproizvodstva s objasnenijami po rěšenijam graždanskago kassacionnago departamenta pravitel'stvujuščago senata (Die Ordnung des bürgerlichen Gerichtsverfahrens mit Erläuterungen gemäß der Rechtsprechung der bürgerlichen Kassationsabteilung des Dirigierenden Senats), 3. Ausgabe, S.-Peterburg 1894.

Borovikovskij, A. (Hrsg.): Zakony graždanskie (Svod Zakonov Tom X čast' I) s objasnenijami po rěšenijam graždanskago kassacionnago departamenta pravitel'stvujuščago senata (Bürgerliche Gesetze [Svod Zakonov Bd. 10 Teil 1] mit Erläuterungen gemäß der Rechtsprechung der bürgerlichen Kassationsabteilung des Dirigierenden Senats), 9. Ausgabe, S.-Peterburg 1898.

Bosiacki, Adam: Roman Law in Totalitarian Systems. Soviet Union, Italy and Germany – Case Study, in: Maria Zabłocka / Jerzy Krzynówek / Jakub Urbanik / Zuzanna Służewska (Hrsg.), Au-delà des frontières. Mélanges de droit romain offerts à Witold Wołodkiewicz, Bd. 1, Varsovie 2000, S. 131-138.

Braun, Maximilian: Tolstoj. Eine literarische Biographie, Göttingen 1978.

Byčkov, S.: L. N. Tolstoj. Očerk tvorčestva (L. N. Tolstoj. Skizze über das Werk), Moskva 1954.

Cečoev, V. K.: Istorija gosudarstva i prava Rossii s drevnejšich vremen do 1861 g., (Geschichte von Staat und Recht Rußlands von den ältesten Zeiten bis 1861), Rostov-na-Donu 2000.

Cečoev, V. K. / N. E. Orlova: Istorija gosudarstva i prava Rossii XIX-XX vv. (Geschichte von Staat und Recht Rußlands im 19. bis 20. Jahrhundert), Rostov-na-Donu 2000.

Charitonov, E. O.: Osnovy rimskogo častnogo prava (Grundlagen des römischen Privatrechts), Rostov-na-Donu 1999.

Chlytčieva, S. M.: Vospominanija juristki pervogo vypuska (Erinnerungen einer Juristin des ersten Jahrgangs), in: Sankt-Peterburgskie vysšee ženskie (Bestuževskie) kursy (1878-1918 gg.) (Die Sankt-Petersburger Höheren Frauen- [Bestužev-] Kurse [1878-1918]), Red.: S. N. Valka u.a., Leningrad 1965, S. 249-255.

Chutyz, Murbek Chadžumarovič: Rimskoe častnoe pravo (Römisches Privatrecht), Moskva 1994.

Citati, Pietro: Tolstoj, Milano 1996.

Corpus Iuris Civilis, Bd. 1: Institutiones, Digesta, 16. Auflage, hrsg. von Theodor Mommsen und Paul Krueger, Berlin 1954; Bd. 2: Codex Iustinianus, 11. Auflage, hrsg. von Paul Krueger, Berlin 1954; Bd. 3: Novellae, hrsg. von Rudolf Schoell, Berlin 1954.

Černych, P. Ja.: Istoriko-etimologičeskij slovar' sovremennogo russkogo jazyka (Historisch-etymologisches Wörterbuch der heutigen russischen Sprache), Bd. 1, Moskva 1993.

Černyševskij, Nikolaj: (Rezension von:) Saltykov-Ščedrin, Gubernskie očerki (Skizzen aus der Provinz), in: Černyševskij, Polnoe Sobranie Sočinenij, Bd. 4, Moskva 1948, S. 263-302.

– (Rezension von:) Mejer, Očerk russkogo veksel'nogo prava (Grundriß des russischen Wechselrechts), in: Černyševskij, Polnoe Sobranie Sočinenij, Bd. 4, Moskva 1948, S. 670-672.

Čibirjaev, Stanislav A.: Velikij russkij reformator. Žizn', dejatel'nost', političeskie vzgljady M. M. Speranskogo (Der große russische Reformator. Leben, Werk und politische Ansichten des M. M. Speranskij), Moskva 1993.

Čistjakov, O. I. / T. E. Novickaja (Hrsg.): Zakonodatel'stvo Ekateriny II (Die Gesetzgebung Katharinas II.), Bd. 2, Moskva 2001.

David, René / Günther Grasmann (Bearb.): Einführung in die großen Rechtssysteme der Gegenwart, 2. (deutsche) Auflage, München 1988.

Djuvernua, Nikolaj L'vovič: Značenie rimskago prava dlja russkich juristov (Die Bedeutung des römischen Rechts für russische Juristen), in: VDJL 1872/1, S. 33-57.

– Osnovnaja forma korreal'nogo objazatel'stva (Die Grundform der Korrealobligation), Jaroslavl' 1874.

– Iz kursa lekcij po graždanskomu pravu (Aus dem Vorlesungskurs über Bürgerliches Recht), 2. Auflage, S.-Peterburg 1895.

– Art. Kavelin, in: Biografičeskij Slovar' professorov i prepodavatelej imperatorskago S.-Peterburgskago universiteta 1869-1894, Bd. 1, S.-Peterburg 1896, S. 289-293.

Djuvernua (Nachruf), in: IV 27 (1906), Bd. 5, S. 689.

Ehrenberg, Helene (Hrsg.): Rudolf von Jhering in Briefen an seine Freunde, Leipzig 1913.

Engelbert, Heinz (Hrsg.): Rechtswörterbuch Russisch-Deutsch, Berlin, Moskau 1985.

Ermacora, Felix: Vorrede der Herausgebers, in: Jhering, Der Kampf um's Recht. Zum hundertsten Todesjahr des Autors hrsg. von Felix Ermacora, Frankfurt am Main, Berlin 1992, S. 9-57.

Erman, Heinrich: Conceptio formularum, actio in factum und ipso iure-Consumption, in: SavZRG (Rom. Abt.) 19 (1898), S. 260-360.

Feldbrugge, Ferdinand J. M.: Russian Law: The End of the Soviet System and the Role of Law, Dordrecht, Boston, London 1993.

Ferid, Murad / Hans Jürgen Sonnenberger: Das Französische Zivilrecht, Bd. 2, 2. Aufl., Heidelberg 1986.

Gale, Susan G.: A Very German Legal Science: Savigny and the Historical School, in: SJIL 18 (1982), S. 123-146.

Gapeev, V. N. / S. A. Zinčenko / A. A. Luk'jancev: Novyj Graždanskij Kodeks Rossijskoj Federacii (Das neue Bürgerliche Gesetzbuch der Russischen Föderation), 1. Teil, Rostov-na-Donu 1996.

Gebhard, Richard: Russisches Familien- und Erbrecht, Berlin 1910.

Geilke, Georg: Einführung in das Sowjetrecht, 2. Auflage, Darmstadt 1983.

Genkin, D. M. / S. N. Bratus / L. A. Lunz / I. B. Novizki: Sowjetisches Zivilrecht, Bd. 1, Berlin 1953.

Giaro, Tomas: Europäische Privatrechtsgeschichte: Werkzeug der Rechtsvereinheitlichung und Produkt der Kategorienvermengung, in: Ius commune 21 (1994), S. 1-43.

Gol'msten, A.: Dmitrij Ivanovič Mejer. Ego žizn i dejatel'nost' (Dmitrij Ivanovič Mejer. Sein Leben und Werk), in: Dmitrij Mejer, Russkoe graždanskoe pravo (Russisches Bürgerliches Recht), 8. Auflage 1902, Neudruck Moskva 2000, S. 14-37.

Gracianskij, Pavel S.: Političeskaja i pravovaja mysl' Rossii vtoroj poloviny XVIII v. (Das politische und rechtliche Denken Rußlands in der zweiten Hälfte des 18. Jahrhunderts), Moskva 1984.

Grigor'ev, V. V. (Hrsg.): Imperatorskij S. Peterburgskij Universitet v-tečenie pervych pjatidesjati let ego suščestvovanija (Die kaiserliche St. Petersburger Universität während der ersten fünfzig Jahre ihres Bestehens), S. Peterburg 1870.

Grimm, D.: Art. Öffentliches Recht II (seit 1750), in: HRG Bd. 3, Berlin 1984, Sp. 1198-1214.

Grothusen, Klaus-Detlev: Die Historische Rechtsschule Rußlands, Gießen 1962.

Gsovski, V.: Roman Private Law in Russia, in: BIDR 5 (1939), S. 363-375.

Gsovski, Vladimir: Soviet Civil Law, Bd. 1, Ann Arbor 1948.

Guljaev, Aleksej: Ob otnošenii russkago graždanskago prava k rimskomu (Über das Verhältnis des russischen Bürgerlichen Rechts zum römischen), UI 1894, Nr. 11, S. 1-16.

– Sovremennyja zadači prepodavanija rimskago prava (Gegenwärtige Themen der Lehre des römischen Rechts), in: ŽMJ 1909, Nr. 2, S. 119-130.

Gusev, Nikolaj N.: Letopis' žizni i tvorčestva L'va Nikolaeviča Tolstogo (Chronik des Lebens und Werkes von Lev Nikolaevič Tolstoj) 1828-1890, Moskva 1958.

Härtel, Gottfried / Elemér Polay: Römisches Recht und römische Rechtsgeschichte, Weimar 1987.

Hammer, Darrell P.: Russia and the Roman Law, in: ASER 16 (1957), S. 1-13.

Hasselblatt, Julius: Die Justizreform in Rußland, St. Petersburg 1876.

Hausmann, Guido: Universität und städtische Gesellschaft in Odessa, 1865-1917, Stuttgart 1998.

Heine, Heinrich: Historisch-kritische Gesamtausgabe der Werke, Bd. 15, bearb. v. Gerd Heinemann, Hamburg 1982.

Helfer, Christian: Rudolf von Jhering über das Rechtsstudium, in: JZ 1966, S. 506-509.

Hofmeister, Herbert: Jhering in Wien, in: Okko Behrends (Hrsg.), Rudolf von Jhering. Beiträge und Zeugnisse, 2. Auflage, Göttingen 1993, S. 38-48.

Hosking, Geoffrey: Rußland. Nation und Imperium, 1997, deutsche Ausgabe Berlin 2000.
Institutionen des Russischen Rechts, herausgegeben und für die Ostseeprovinzen zum Behuf der Darstellung ihres Partikularrechts deutsch bearbeitet, Bd. 1, St. Petersburg 1819.
Ioffe, Olimpiad S. / Valerij A. Musin: Osnovy rimskogo graždanskogo prava (Grundlagen des römischen Bürgerlichen Rechts), Leningrad 1974.
Jaworski, Iwo: Zarys powszechnej historii państwa i prawa (Abriß der allgemeinen Geschichte von Staat und Recht), 6. Auflage, Warszawa 1996.
Jhering, Rudolf von: Friedrich Karl von Savigny, in: JherJb 5 (1861), S. 354-377.
– Der Kampf um's Recht. Zum hundertsten Todesjahr des Autors hrsg. von Felix Ermacora, Frankfurt am Main, Berlin 1992.
– Entwicklungsgeschichte des römischen Rechts, Leipzig 1894.
– Geist des römischen Rechts, Bd. 1, 2. Auflage, Leipzig 1866; 5. Auflage, Leipzig 1891; 9. Auflage (Nachdruck), Basel 1954.
Kaiser, Friedhelm B.: Die russische Justizreform von 1864, Leiden 1972.
– Altphilologen für Rußland: Das Lehrerinstitut für slawische Stipendiaten in Petersburg, das russische philologische Seminar (Institut) in Leipzig und das russische Seminar für römisches Recht in Berlin, in: Friedhelm B. Kaiser / Bernhard Stasiewski, Deutscher Einfluß auf Bildung und Wissenschaft im östlichen Europa, Köln, Wien 1984, S. 69-115.
Kantorowicz, Hermann: Die Epochen der Rechtswissenschaft, in: Gustav Radbruch, Vorschule der Rechtsphilosophie, Willsbach, Heidelberg 1947, S. 61-79.
Kaser, Max: Das römische Privatrecht, 1. Abschnitt, 2. Auflage, München 1971.
Kavelin, Konstantin: Prava i objazannosti (Rechte und Verpflichtungen), S.-Peterburg 1879.
– Čto est' graždanskoe pravo i gdě ego preděly? (1864), abgedruckt in: Sobranie Sočinenij K. D. Kavelina (Sammlung der Werke K. D. Kavelins), Bd. 4, S.-Peterburg 1900, Sp. 759-862.
Kjetsaa, Geir: Lew Tolstoj. Dichter und Religionsphilosoph, 1999, deutsche Ausgabe Gernsbach 2001.
Klibanski: Handbuch des gesamten russischen Zivilrechts, 1. Bd., Berlin 1911.
Klingenberg, Eberhard: (Rezension von:) Ioffe / Musin, Osnovy rimskogo graždanskogo prava, in: SavZRG (Rom. Abt.) 94 (1977), S. 521-526.
Kofanov, Leonid L.: Objazatel'stvennoe pravo v archaičeskom Rime (VI-IV vv. do n. e.) (Das Schuldrecht im archaischen Rom [VI.-IV. Jahrhundert v. u. Z.]), Moskva 1994.
Korbut, Michail K. (Hrsg.): Kazanskij gosudarstvennyj universitet imeni V. I. Ul'janova-Lenina za 125 let (Die Staatliche Kazaner V.-I.-Ul'janov-Lenin-Universität während 125 Jahren), Bd. 1, Kazan' 1930.
Kosarev, A. I.: Etapy recepcii rimskogo prava (Etappen der Rezeption des römischen Rechts), in: SGiP 1983, Heft 7, S. 123-128.

Koschaker, Paul: Europa und das römische Recht, 4. Auflage, München, Berlin 1966.
Krakovskij, K.: Predislovie (Vorwort), in: M. F. Vladimirskij-Budanov, Obzor istorii russkogo prava (Überblick über die Geschichte des russischen Rechts), 1886, Neudruck Rostov-na-Donu 1995, S. 3-29.
Krampe, Christoph: Europa und das römische Recht, in: Jürgen Wolter / Eibe Riedel / Jochen Taupitz (Hrsg.), Einwirkungen der Grundrechte auf das Zivilrecht, Öffentliche Recht und Strafrecht. Mannheimer Fakultätstagung über 50 Jahre Grundgesetz, Heidelberg 1999, S. 345-365.
Krasinskaja-El'jaševa, S. A. / A. I. Rubašova-Zorochovič: Juridičeskij fakul'tet (Die Juristische Fakultät), in: Sankt-Peterburgskie vysšee ženskie (Bestuževskie) kursy (1878-1918 gg.) (Die Sankt-Petersburger Höheren Frauen- [Bestužev-] Kurse [1878-1918]), Red.: S. N. Valka u.a., Leningrad 1965, S. 148-155.
Kučera, Bohuslav: »Wir sind eine Opponentur« (Interview), in: Der Spiegel, Nr. 30 vom 22.7.1968, S. 63-65.
Kunkel, Wolfgang: (Rezension von:) Wieacker, Privatrechtsgeschichte der Neuzeit, in: SavZRG (Rom. Abt.) 71 (1954), S. 509-539.
– Savignys Bedeutung für die deutsche Rechtswissenschaft und das deutsche Recht, in: JZ 1962, S. 457-463.
Kupisch, Berthold: Institutionensystem und Pandektensystem: Zur Geschichte des *res*-Begriffs, Irish Jurist 25-27 (1990-1992), S. 293-301.
Kupiszewski, Henryk: Prawo rzymskie a współczesność (Römisches Recht und Gegenwart), Warszawa 1988.
Laufs, Adolf: Rechtsentwicklungen in Deutschland, 5. Auflage, Berlin 1996.
Lehr, Ernest: Éléments de droit civil russe, Bd. 1, Paris 1877, Bd. 2, Paris 1890.
Lenin, Vladimir I.: Sočinenija (Werke), 4. Ausgabe, Bd. 45, Moskva 1967.
Letjaev, Valerij A.: Neobchodimost' i dostatočnost' recepcii norm rimskogo prava v Rossii XIX – načala XX v. (Die Notwendigkeit und das Hinreichen der Rezeption der Normen des römischen Rechts im 19. bis zum Anfang des 20. Jahrhunderts), in: IA 1 (6) 2000, S. 194-202.
Leuthold, C. E.: Russische Rechtskunde, Leipzig 1889.
Loeber, Dietrich A.: Unbewältigte Vergangenheit im sowjetischen Zivilrecht. Zur Auseinandersetzung um das wissenschaftliche Erbe von Peter I. Stučka, in: Dietrich Frenzke / Alexander Uschakow (Hrsg.), Macht und Recht im kommunistischen Herrschaftssystem. Festschrift für Boris Meissner, Köln 1965, S. 129-150.
Losano, Mario G.: Studien zu Jhering und Gerber, Teil 2, Ebelsbach 1984.
– I grandi sistemi giuridici. Introduzione ai diritti europei ed extraeuropei, Roma, Bari 2000.
Luig, Klaus: Der Spätpandektist Heinrich Dernburg als Begründer der Wissenschaft vom preußischen Privatrecht, in: Barbara Dölemeyer / Heinz Mohnhaupt (Hrsg.), 200 Jahre Allgemeines Landrecht für die preußischen Staaten, Frankfurt am Main 1995, S. 211-237.

– Rudolf von Jhering und die historische Rechtschule, in: Okko Behrends (Hrsg.), Jherings Rechtsdenken. Theorie und Pragmatik im Dienste evolutionärer Rechtsethik, Göttingen 1996, S. 255-268.

Majakovskij, I. L. / A. S. Nikolaev (Hrsg.): S.-Peterburgskij Universitet v pervoe stoletie ego dejatel'nosti 1819-1919 (Die Sankt Petersburger Universität im ersten Jahrhundert ihrer Tätigkeit 1819-1919), tom 1, Petrograd 1919.

Majkov, P.: Speranskij i studenty zakonověděnija (Speranskij und die Studenten der Gesetzeskunde), in: RV 262 (1899), S. 609-626; RV 263 (1899), S. 239-256 und S. 673-682.

Makarov, A. N.: Svod Zakonov (1833-1933). Zum hundertjährigen Jubiläum der Kodifikation des russischen Rechts, in: ZOG 8 (Neue Folge: 4) (1934), S. 39-55.

– Das Preußische Allgemeine Landrecht und die russischen Kodifikationsarbeiten, in: Festschrift für Max Vasmer zum 70. Geburtstag, Wiesbaden 1956, S. 286-292.

Makovskij, A. L.: Vypavšee zveno (Das herausgefallene [Ketten-]Glied), in: Pokrovskij, Osnovnye problemy graždanskogo prava, 1917, Neudruck Moskva 1998, S. 3-32.

Makovsky, A. L. / S. A. Khokhlov: Introduction, in: Peter B. Maggs / A. N. Zhiltsov, The Civil Code of the Russian Federation, Armonk, London 1997.

Man'kov, Arkadij G.: Uloženie 1649 goda. Kodeks feodal'nogo prava Rossii (Das Gesetzbuch des Jahres 1649. Der Kodex des Feudalrechts Rußlands), Leningrad 1980.

Markevič, A. I. (Hrsg.): Dvadcatipjatilětie Imperatorskago Novorossijskago Universiteta (Fünfundzwanzig Jahre Kaiserliche Neurussische Universität), Odessa 1890.

Maurer, Trude: Universitätsprofessoren im Russischen Reich, in: Charles McClelland / Stephan Merl / Hannes Siegrist (Hrsg.), Professionen im modernen Osteuropa, Berlin 1995, S. 280-310.

– Hochschullehrer im Zarenreich, Köln, Weimar, Wien 1998.

Meduschewskij, Andrej N.: Art. Kavelin, Konstantin Dimitrievič, in: Stolleis (Hrsg.), Juristen. Ein biographisches Lexikon, München 1995, S. 341-342.

– Konstitutionelle Projekte in Rußland am Anfang des 20. Jahrhunderts und ihre deutschen Prototypen, in: Beyrau / Čičurov / Stolleis, Reformen im Rußland des 19. und 20. Jahrhunderts (1996), S. 237-259.

Mejer, Dmitrij: Russkoe graždanskoe pravo (Russisches Bürgerliches Recht), 4. Aufl., S.-Peterburg 1868, 8. Auflage 1902, Neudruck Moskva 2000.

Meyer, Rudolf: Bona fides und lex mercatoria in der europäischen Rechtstradition, Göttingen 1994.

Montesquieu (Charles de): De l'Esprit des loix, Tome premier (livres I-IX), Paris 1950.

Nakaz imperatricy Ekateriny II dannyj kommissii o sočinenii proekta novago uloženija (Anweisung der Kaiserin Katharina II., der Kommission zur Erarbeitung des Projekts eines neuen Gesetzbuches gegeben), Red.: N. D. Čečulin, S.-Peterburg 1907.

Nečaev, V. M.: Art. Djuvernua (Nikolaj L'vovič), in: F. A. Brokgauz / I. A. Efron (Hrsg.), Enciklopedičeskij Slovar' (Enzyklopädisches Wörterbuch), Bd. 11, S.-Peterburg 1894, S. 366.

– Art. Mejer (Dimitrij [sic] Ivanovič), in: F. A. Brokgauz / I. A. Efron (Hrsg.), Enciklopedičeskij Slovar', Bd. 18, S.-Peterburg 1896, S. 950-951.
– Art. Pokrovskij (Iosif Alekseevič), in: F. A. Brokgauz / I. A. Efron (Hrsg.), Enciklopedičeskij Slovar', Bd. 24, S.-Peterburg 1898, S. 248.
Neubecker, F. K.: Der Entwurf eines russischen Zivilgesetzbuchs, in: ZVglRwiss 24 (1910), S. 200-203.
Nol'de, Aleksandr: Nikolaj L'vovič Djuvernua (Nekrolog), in: ŽMNP, N. S. 4 (1906), Teil XI, S. 101-110.
Novickij, Ivan B.: Osnovy rimskogo graždanskogo prava (Grundlagen des römischen Bürgerlichen Rechts, Moskva 1956.
Novickij, Ivan B. / Ivan S. Pereterskij: Rimskoe častnoe pravo (Römisches Privatrecht), 1948, geringfügig veränderter Neuabdruck, Moskva 1996.
Osakwe, Christopher: Russian Civil Code annotated, Moscow 2000.
Pereterskij, Ivan S.: Vseobščaja istorija gosudarstva i prava, Čast' 1: Drevnij mir, Vypusk 2: Drevnij Rim (Allgemeine Geschichte des Staats und des Rechts, Teil 1: Die alte Welt, Abt. 2: Das alte Rom), Moskva 1945.
Pérez Simeón, Maurici: La transmision de la propiedad en el nuevo código civil de la Federación Rusa, in: ADC 53 (2000), S. 981-1000.
Petrażycki, Leo v.: Die Lehre vom Einkommen vom Standpunkt des gemeinen Civilrechts, Bd. 2, Berlin 1895.
– (Petražickij) Teorija prava i gosudarstva v svjazi s teoriej nravstvennosti (Theorie von Staat und Recht in Verbindung mit der Theorie der Moral), 2. Auflage, S.-Peterburg 1910.
Pokrovskij, Iosif A.: Rol' rimskago prava v pravovoj istorii čelověčestva i v sovremennoj jurisprudencii (Die Rolle des römischen Rechts in der Rechtsgeschichte der Menschheit und in der heutigen Rechtswissenschaft), in: UZJU 1894, Nr. 3, Nichtoffizieller Teil (mit eigener Seitenzählung), S. 1-30.
– Die Actiones in factum des classischen Rechts, in: SavZRG (Rom. Abt.) 16 (1895), S. 7-104.
– Želatel'naja postanovka graždanskago prava v izučenii i prepodavanii (Die wünschenswerte Stellung des Bürgerlichen Rechts in Forschung und Lehre), UI 1896, Nr. 12, S. 16-32.
– Pravo i fakt v rimskom prave, Čast' 1. Pravo i fakt, kak material'noe osnovanie iskov (Recht und Tatsache im römischen Recht, Teil 1. Recht und Tatsache als materieller Klagegrund), Kiev 1898.
– Osnovnye voprosy vladěnija v novom germanskom uloženii (Grundlegende Fragen des Besitzes im neuen deutschen Gesetzbuch), VP 1899, S. 92-120.
– Pravo i fakt v rimskom prave, Čast' 2. Genesis pretorskago prava (Recht und Tatsache im römischen Recht, Teil 2. Die Entstehung des prätorischen Rechts), Kiev 1902.
– Vladěnie v russkom proektě graždanskago uloženija (Der Besitz im russischen Projekt eines Bürgerlichen Gesetzbuchs), in: ŽMJ 1902, Nr. 10, S. 27-54.

– (Selbstdarstellung), in: Biografičeskij Slovar' professorov i prepodavatelej imperatorskago Jur'evskago, byvšago Derptskago, universiteta 1802-1902, Bd. 1, Jur'ev 1902, S. 618-619.
– Istorija rimskogo prava (Geschichte des römischen Rechts), 1. Auflage, S.-Peterburg 1913.
– Osnovnye problemy graždanskogo prava (Grundprobleme des Bürgerlichen Rechts) 1917, Neudruck Moskva 1998.
Pólay, Elemér: Das römische Recht in den sozialistischen Ländern, in: Labeo 13 (1967), S. 361-376.
Poljanskij, N. N.: Iosif Alekseevič Pokrovskij. Ličnost' pokojnogo i ego učenye trudy (Iosif Alekseevič Pokrovskij. Die Persönlichkeit des Verstorbenen und seine gelehrten Arbeiten), 1922, abgedruckt in: Iosif Pokrovskij, Osnovnye problemy graždanskogo prava, 1917, Neudruck Moskva 1998, S. 329-342.
Quigley, John: The Romanist Character of Soviet Law, in: F. J. M. Feldbrugge (Hrsg.), The Emancipation of Soviet Law, Dordrecht, Boston, London 1992, S. 27-49.
Raeff, Marc: Michael Speransky. Statesman of Imperial Russia, The Hague 1957.
Razvitie russkogo prava vo vtoroj polovine XIX – načale XX veka (Die Entwicklung des russischen Rechts in der zweiten Hälfte des 19. bis zum Beginn des 20. Jahrhunderts), Red.: E. A. Skripilev, Moskva 1997.
Rebro, Karol: Società socialista e cultura giuridica romana, in: Index 12 (1983/84), S. 1-82.
Das römische Recht in Rußland (anonymer Verfasser), in: Rudolf Leonhard (Hrsg.), Stimmen des Auslands über die Zukunft der Rechtswissenschaft, Breslau 1906, S. 72-77.
Die Reform der Russischen Universitäten nach dem Gesetz vom 23. August 1884 (anonymer Verfasser), Leipzig 1886.
Reich, Norbert: Kodifikation und Reform des russischen Zivilrechtes im neunzehnten Jahrhundert bis zum Erlaß des Svod Zakonov (1833), in: Ius commune 3 (1970), S. 152-185.
– Sozialismus und Zivilrecht, Frankfurt am Main 1972.
– Art. Rußland, in: Coing (Hrsg.), Handbuch der Quellen und Literatur der neueren europäischen Privatrechtsgeschichte III/2, München 1982, S. 2281-2328.
Rivier, Alphonse: Introduction historique au droit romain, nouvelle édition, Bruxelles 1881.
Roggemann, Herwig: Grundzüge und Entwicklung des Zivilrechts der Russischen Föderation – Zum ZGB RF (Erster Teil) von 1994, in: Herwig Roggemann / Wilfried Bergmann (Hrsg.), Zivilgesetzbuch der Russischen Föderation (Erster Teil) von 1994, Berlin 1997, S. 13-38.
Sadikov, Oleg: Das neue Zivilgesetzbuch Rußlands, in: ZEuP 4 (1996), S. 259-272.
– (Hrsg.): Kommentarij k Graždanskomu Kodeksu Rossijskoj Federacii (Kommentar zum Bürgerlichen Gesetzbuch der Russischen Föderation), 2. Teil, Moskva 1996.

Salogubova, Elena V.: Rimskij graždanskij process (Der römische Zivilprozeß), 2. Auflage, Moskva 2002.
– Elementy rimskogo prava v rossijskom sudoproizvodstve X-XVII vv. (Elemente des römischen Rechts in der rußländischen Rechtspflege des 10. bis 17. Jahrhunderts), in: IA 1 (4) 1999, S. 173-179.
Savigny, Friedrich Carl von: Vom Beruf unsrer Zeit für Gesetzgebung und Rechtswissenschaft (1814), in: Hans Hattenhauer (Hrsg.), Thibaut und Savigny. Ihre programmatischen Schriften, München 1973, S. 95-192.
– System des heutigen Römischen Rechts, Bd. 1, Berlin 1840.
– F. C. v. Savigny. Landrechtsvorlesung 1824, hrsg. von Christian Wollschläger, Bd. 1, Frankfurt am Main 1994 (Savignyana Bd. 3.1); Bd. 2, Frankfurt am Main 1998 (Savignyana Bd. 3.2).
Schanbacher, Dietmar: Art. Rezeption, juristische, in: HWP, Bd. 8, Darmstadt 1992, Sp. 1004-1008.
Schlosser, Hans: Grundzüge der Neueren Privatrechtsgeschichte, 9. Auflage, Heidelberg 2001.
Schöndorf, Friedrich: Die Gerichtspraxis in Rußland als Rechtsschöpferin, Leipzig, Berlin 1922.
Schultz, Lothar: Russische Rechtsgeschichte, Lahr 1951.
Seeler, Wilhelm von: Der Entwurf des Russischen Zivilgesetzbuches, Berlin 1911.
Semenova, A.: I. A. Pokrovskij (K 5-letiju so dnja smerti) (I. A. Pokrovskij [zur 5. Wiederkehr seines Todestags]), in: VSJ 1925, Nr. 12, S. 473-475.
Skripilev, E. A.: (Rezension von:) Földi / Czuczai, Bibliographia selecta, in: SGiP 1991, Heft 1, S. 149-151.
Solotych, Stefanie: Das Zivilgesetzbuch der Russischen Föderation – Erster Teil –, Baden-Baden 1996.
– Das neue russische ZGB aus rechtsvergleichender Sicht, in: F. C. Schroeder (Hrsg.), Die neuen Kodifikationen in Rußland, Berlin 1997, S. 27-38.
Sójka-Zielińska, Katarzyna: Historia Prawa (Geschichte des Rechts), 7. Auflage, Warszawa 1998.
Speranskij, Michail M. (anonym): Précis des notions historiques sur la formation du corps des lois Russes, Saint-Petersbourg 1833.
Sternik, Isaak B.: V. I. Lenin – Jurist. Juridičeskaja dejatel'nost' V. I. Ul'janova (Lenina) (V. I. Lenin als Jurist. Das juristische Werk des V. I. Ul'janov [Lenin]), Taškent 1969.
Stieda, Wilhelm: Deutsche Gelehrte als Professoren an der Universität Moskau, Leipzig 1930.
Stolětie Kievskago Universiteta Sv. Vladimira (Hundert Jahre Kiever Universität des Heiligen Vladimir). Izdanie Komiteta Kievskich professorov v Ljubljaně, Ljubljana 1935.
Sturm, Fritz: Brennpunkte einer Ellipse: Savigny und Jhering, in: Drei Vorträge zum Privatrecht. Vorträge, gehalten bei einer von der Rechtswissenschaftlichen Fakultät der Universität Graz am 17. November 2000 anläßlich der Emeritierung

von Herrn Univ. Professor Dr. Gunter Wesener veranstalteten Feier, Graz 2001, S. 30-54.
Suchanov, E. A.: Ausgewählte Probleme der Entwicklung des Privatrechts und der Kodifizierung des Zivilrechts im heutigen Russland, in: ZEuP 9 (2001), S. 555-562.
– (Hrsg.): Graždanskoe pravo (Bürgerliches Recht), Bd. 1, 2. Auflage, Moskva 1998, Bd. 2, Halbbd. 1, Moskva 2002.
Suchanov, E. A. / Leonid L. Kofanov: O roli izučenija i prepodavanija rimskogo prava v Rossii (Über die Rolle der Erforschung und Lehre des römischen Rechts in Rußland), in: IA 1 (1996), S. 1-16.
– Vlijanie rimskogo prava na novyj graždanskij kodeks Rossijskoj Federacii (Der Einfluß des römischen Rechts auf das neue Bürgerliche Gesetzbuch der Russischen Föderation), in: IA 1 (4) (1999), S. 7-20.
Ščegolev, A. V.: Bibliografija russkoj literatury po rimskomu pravu s 1860 po 1996 gg. (Bibliographie russischer Literatur zum römischen Recht von 1860 bis 1996), IA 1 (2) 1997, 136-161.
Šklovskij, Viktor: Lev Tolstoj, Moskva 1967.
Taranovskij, F. V.: Enciklopedija prava (Enzyklopädie des Rechts), 2. Auflage, Berlin 1923.
Tarchov, V. A.: Rimskoe častnoe pravo (Römisches Privatrecht), Čerkessk 1994.
Thieme, Hans: Savigny und das Deutsche Recht, in: SavZRG (Germ. Abt.) 80 (1963), S. 1-26.
Tjutrjumov, Igor M.: Graždanskoe Pravo (Bürgerliches Recht), Jur'ev 1922.
Tolstoj, Lev N.: Pis'mo studentu o prave (Brief an einen Studenten über das Recht), in: Tolstoj, Polnoe Sobranie Sočinenij, Bd. 38, Moskva 1936, S. 54-61.
– Dnevnik (Tagebuch) 1847-1854, in: Tolstoj, Polnoe Sobranie Sočinenij, Bd. 46, Moskva 1937, S. 3-242.
– L. N. Tolstoj v vospominanijach sovremennikov (L. N. Tolstoj in den Erinnerungen der Zeitgenossen), Bd. 1, 2. Auflage, Moskva 1960, überarbeitete Ausgabe Moskva 1978.
Torke, Hans-Joachim: Das russische Beamtentum in der ersten Hälfte des 19. Jahrhunderts, in: FOG 13 (1967), S. 7-345.
Troyat, Henri: Tolstoi oder Die Flucht in die Wahrheit, 1. Auflage, Wien, Düsseldorf 1966.
Vas'kovskij, E.: (Rezension von:) Pergament, Dogovornaja neustojka (Vertragsstrafe), ŽMJ 1899 (September) S. 141-156.
Vernadskij, Georgij V.: Očerk istorii prava Russkago Gosudarstva XVIII-XIX vv. (Abriß der Geschichte des Rechts des russischen Staates im 18. bis 19. Jahrhundert), Praga 1924.
Wagner, William G.: Marriage, Property, and Law in Late Imperial Russia, Oxford 1994.
Wesenberg, Gerhard / Gunter Wesener: Neuere deutsche Privatrechtsgeschichte, 4. Auflage, Wien, Köln 1985.

Whisenhunt, William B.: In Search of Legality. Mikhail M. Speranskii and the Codification of Russian Law, New York 2001.

Wieacker, Franz: Ratio scripta. Das römische Recht und die abendländische Rechtswissenschaft, in: Vom römischen Recht, Leipzig 1944, S. 195-284.

– Griechische Wurzeln des Institutionensystems, in: SavZRG (Rom. Abt.) 70 (1953), S. 93-126.

– Privatrechtsgeschichte der Neuzeit, 2. Auflage, Göttingen 1967.

– Zum heutigen Stand der Rezeptionsforschung, in: Festschrift J. Klein (1967), S. 181-201.

Von der Wiener Universität. Rudolf Jhering (Bericht), in: JBl 1872, S. 4-5.

Woldemar, C. (Bearb.): Zur Geschichte und Statistik der Gelehrten- und Schulanstalten des Kaiserlich Russischen Ministeriums der Volksaufklärung, 1. Ausgabe, St. Petersburg 1865.

Wołodkiewicz, Witold: Il diritto romano ed i regimi autoritari, in: Witold Wołodkiewicz / Maria Zabłocka (Hrsg.), Le droit romain et le monde contemporain. Mélanges à la mémoire de Henryk Kupiszewski, Varsovie 1996, S. 259-266.

– Czy prawo rzymskie przestało istnieć? (Hat das römische Recht aufgehört zu bestehen?), in: Palestra. Pismo Adwokatury Polskiej 1997, Heft 11-12, S. 70-74.

Wortman, Richard S.: The Development of a Russian Legal Consciousness, London 1976.

Zabłocka, Maria: Romanistyka polska po II wojnie światowej (Die polnische Romanistik nach dem Zweiten Weltkrieg), Warszawa 2002.

Zimeleva, Marija V.: Reč' pamjati Iosifa Alekseeviča Pokrovskogo (Gedenkrede für Iosif Alekseevič Pokrovskij), abgedruckt in: Iosif Pokrovskij, Osnovnye problemy graždanskogo prava, 1917, Neudruck Moskva 1998, S. 322-328.

Zweigert, Konrad / Hein Kötz: Einführung in die Rechtsvergleichung, Bd. 1, 2. Auflage, Tübingen 1984.

Żołnierczuk, Mieczysław: Zarys prawa rzymskiego (Grundriß des römischen Rechts), Lublin 1995.

275 let Sankt-Peterburgskij Gosudarstvennyj Universitet. Letopis' 1724-1999 (275 Jahre Sankt Petersburger Staatliche Universität. Chronik 1724-1999), Sankt-Peterburg 1999.